广东华侨史文库

隐形的社群：秘鲁的客家人

[秘]柯　裴　著　王世申　译

南方出版传媒　广东人民出版社

·广州·

图书在版编目（CIP）数据

隐形的社群：秘鲁的客家人 /（秘）柯裴著；王世申译. —广州：广东人民出版社，2019.11
（广东华侨史文库）
ISBN 978-7-218-13937-1

Ⅰ. ①隐… Ⅱ. ①柯… ②王… Ⅲ. ①客家人— 华人—移民—研究—秘鲁 Ⅳ. ①D777.838

中国版本图书馆 CIP 数据核字（2019）第 228916 号

YINXING DE SHEQUN：BILU DE KEJIAREN
隐形的社群：秘鲁的客家人
［秘］柯裴 著 王世申 译

出 版 人：肖风华

策划编辑：王俊辉
责任编辑：叶益彪
装帧设计：书窗设计
责任技编：周 杰

出版发行：广东人民出版社
地 址：广东省广州市海珠区新港西路204号2号楼
电 话：（020）85716809（总编室）
传 真：（020）85716872
网 址：http：//www.gdpph.com
印 刷：广州市人杰彩印厂
开 本：787毫米 × 1092毫米 1/16
印 张：11 字数：165千
版 次：2019年11月第1版
印 次：2019年11月第1次印刷
定 价：50.00元

《广东华侨史文库》编委会

《广东华侨史文库》总序

广东是我国第一大侨乡，广东人移民海外历史久远、人数众多、分布广泛，目前海外粤籍华侨华人有3000多万，约占全国的2/3，遍及五大洲160多个国家和地区。

长期以来，粤籍华侨华人紧密追随世界发展潮流，积极融入住在国的建设发展。他们吃苦耐劳、勇于开拓，无论是东南亚地区的产业发展，还是横跨北美大陆的铁路修建，抑或古巴民族独立解放战争以及世界反法西斯战争，都凝聚着粤籍侨胞的辛勤努力、智慧汗水甚至流血牺牲。时至今日，越来越多的粤籍华侨华人政治上有地位、社会上有影响、经济上有实力、学术上有成就，成为住在国发展进步的重要力量。

长期以来，粤籍华侨华人无论身处何方，都始终情系祖国兴衰、民族复兴、家乡建设。他们献计献策、出资出力，无论是辛亥革命之时，还是革命战争年代，特别是改革开放时期，都不遗余力地支持、投身于中国革命和家乡的建设与发展。全省实际利用外资中近七成是侨、港、澳资金，外资企业中六成是侨资企业，华侨华人在广东兴办慈善公益项目超过3.3万宗、捐赠资金总额超过470亿元，为家乡的建设发挥了独特而巨大的作用。

长期以来，粤籍华侨华人充分发挥桥梁纽带作用，致力于促进中外友好交流。他们在自身的奋斗发展中，既将优秀的中华文化、岭南文化传播到五大洲，又将海外的先进经验、文化艺术带回家乡，促进广东成为中外交流最频繁、多元文化融合发展的先行地，推动中外友好交流不断深入、互利合作不断拓展，成为世界和平与发展的友好使者。

可以说，粤籍华侨华人的移民和发展史，既是中国历史的重要组成部分，更是世界历史不可缺少的亮丽篇章。

站在中华民族更深入地融入世界、加快实现伟大复兴中国梦的历史关口，面对广东全面深化改革开放、奋力实现“三个定位、两个率先”总目标的使命要求，中共广东省委、广东省人民政府决定编修《广东华侨史》，向全世界广东侨胞和光荣伟大的华侨历史致敬，向世界真实展示中国和平崛起的历史元素，也希望通过修史，全面、系统地总结梳理广东人走向世界、融入世界、贡献世界的历史过程和规律，更好地以史为鉴、古为今用，为广东在新形势下深化改革开放、加快转型升级、进一步当好排头兵提供宝贵的历史经验，形成强大的现实助力和合力。

编修一部高质量的《广东华侨史》，使之成为“资料翔实、观点全面、定性准确、结论权威”的世界侨史学界权威的、标志性的成果，是一项艰巨的使命，任重而道远。这既需要有世界视野的客观立场，有正确把握历史规律的态度和方法，有把握全方位全过程的顶层设计，更需要抓紧抢救、深入发掘整理各种资料，对涉及广东华侨史的各方面重大课题进行研究，并加强与海内外侨史学界的交流，虚心吸收国内外的研究成果。作为《广东华侨史》编修工程的重要组成部分，编辑出版《广东华侨史文库》无疑十分必要。我希望并相信，《广东华侨史文库》的出版，能够为广东华侨华人研究队伍的培育壮大，为广东华侨华人研究的可持续发展，为《广东华侨史》撰著提供坚实的学术理论和基础资料支撑，为推进中国和世界的华侨华人研究做出独特贡献，并成为中国华侨华人研究的重要品牌。

是为序。

广东省省长 朱小丹

2014年8月

树高千丈，落叶归根

——献给生活在秘鲁和中国的客家家庭

本书的出版得到了秘鲁驻广州总领事馆的大力支持，在此，致以诚挚的感谢。

——本书作者

序

能够为杰出语言学学者、人类学学者和记者柯裴的著作《隐形的社群：秘鲁的客家人》作序，是我的殊荣。这位著名学者专业生涯的大部分是在中国度过的。她是近期以来这个伟大国家在政治、经济和社会各方面发展的极为优秀的观察者，而秘鲁与这个伟大的国家不仅在贸易和经济领域保持着紧密的关系，而且在血缘上有难以割舍的联系。正是围绕着这方面的联系，她的这本书作了详尽的研究。

钩沉秘鲁华人移民历史中扑朔迷离的细节与原委是柯裴的学术专攻之一。本书章节结构精当有序，观点论述严谨认真，但读来使人兴致盎然。作者从容地展现她对中国的深入了解，慷慨地与我们分享她从那段甚至在秘鲁也鲜为人知更绝少讨论的历史获得的新知与思考。

这是一段关于客家人这个特殊群体的历史，他们在漫长的岁月中不断迁徙，足迹不仅遍布中国大部分地区，而且到达秘鲁和世界各地。本书引人入胜之处在于，作者对以广东人为大多数的移民群体进行剖析，使以往对此毫无了解的大多数秘鲁人得以认识客家人这个移民群体。正如作者指出的，广东的广府人与客家人之间的争斗恰恰反映了随着当时的统治者大清王朝的衰落19世纪的中国在政治和社会治理方面所面临的困境——矛盾丛生、饥馑不断、困难重重、举步维艰。

阅读本书得以了解以下一点对我们也是十分有益的。尽管中国是一个多民族国家，但其家庭观念在社会与文化层面却是极其牢固的——一如人们在今天的中国所看到的。尤其在中秘两国相距如此遥远且当年交通工具那样不便的情况下，中国人的家庭观念仍然那样坚定不移。正因为如此，当年的华工尽一切可能保持这些联系，以期契约期满之后能够回到故土。同理，客家人在其移民秘鲁之初对其祖国和家乡也怀有这样的情感。由于他们在其国内社会遭受偏见与误解，他们当中绝大多数人性格内向。他们进行了隐形，正如他们在其国内也几乎成为一个隐形的民系一样，以致秘鲁社会对来到秘鲁这片土地上的中国人的生活和工作状况的认识与传播受到影响。

历史的发展在很多时候是不可预见的。阴错阳差，秘鲁华人移民的大多数不能返回中国，他们只能在太平洋彼岸的秘鲁定居。众所周知，他们融入秘鲁社会的过程十分艰难，他们必须克服来自秘鲁社会的强大阻力并战胜同样来自秘鲁社会的成见与偏见。虽然这个勤奋而执着的群体在落脚之初遭受种种盘剥，但他们以其出色的劳动技能、非凡的才智、坚忍不拔的意志和务求实效的精神，在短短几十年的时间内成为秘鲁商业界和实业界的翘楚，并逐渐巩固发展而最终实现我们今天所看到的融合局面。

柯裴对19世纪以来中国人克服这种种困难逐渐适应秘鲁现实的描述，丰富了我们关于这一段历史的知识，以及增加了我们对中国人的了解与认识。尽管中国人与其故土保持着密切的联系，但他们为实现自己和家人的人生目标而奋斗，而且从未被这一过程中遭遇的种种困难和挫折所吓倒。毫不夸张地说，他们为今日秘鲁文化身份的形成所做的贡献绝对有目共睹。值此2019年纪念这个对秘鲁发展做过重要贡献的群体移民秘鲁170周年之际，本书的问世是对他们做出的牺牲与付出的努力的最崇高、最诚挚的致敬。

秘鲁驻华大使　路易斯·克萨达

Luis Felipe Quesada Inchaustegui

Embajador del Perú en China

前　言

如果一个华人移民群体把隐形当作自己的堡垒，那么该如何追寻他们的踪迹？这个叫作客家人的群体自1849年开始的第一波华人移民潮起就来到秘鲁的土地，但他们一直未被秘鲁社会所察觉和认识。《隐形的社群：秘鲁的客家人》就是这样一本调查、研究并重现他们的移民踪迹的学术作品。

对秘鲁最初几波华人移民潮的学术研究是以19世纪来自广东的移民为对象的。本作品力图对广东移民、客家人和前二者在秘鲁的后代这一庞大群体进行深入的研究，以便凸显他们成功地融入秘鲁社会和他们为此发挥的作用以及他们对秘鲁社会做出的贡献。

这是第一次以个人的名义对客家人及其在秘鲁的后代进行的研究，它是作者的博士论文的一部分。为了弄清客家人在秘鲁走过的道路，有必要先对他们在中国的生活经历做一初步研究。中国国家汉办的“孔子新汉学计划”和“中外合作培养博士项目”提供的奖学金资助使这一研究得以进行。

使秘鲁的客家移民显形，不仅能丰富今日秘鲁华人移民的历史档案，而且使得重新勾勒19世纪即抵达秘鲁的广东移民的形象并重新评价他们的作用成为可能。这一课题所涉及的内容是中秘两国人民的共同关切，自然而然地汇入连接“一带一路”倡议的洪流之中。

2019年是纪念秘鲁华人移民170周年的年份。谨以本作品向19世纪的中国移民致敬——他们穿越太平洋到达秘鲁，建立新的家庭但保留其祖先的传统价值观，同时开创事业，以其用心而诚实的工作为秘鲁经济社会发展贡献力量并努力实现自己心中的“中国梦”。这些中国人及其后代为秘鲁社会贡献了宝贵的物质和精神财富，从而丰富了秘鲁文化特质的内涵。

柯裴

Patricia Castro Obando

目录

引　言

19世纪秘鲁的华人移民历史一直被视为秘鲁的广东移民历史，因为其绝大部分是来自广东省的广府人。这些人成功地融入秘鲁社会，改变了当地商业模式，丰富了秘鲁的烹饪文化。为什么在这一切当中不见客家人的身影？或者说，为什么客家人未被正史纳入视野？

对秘鲁人来说，至2019年移民历史将达170年的华人移民似乎像一个早就习以为常的存在而无任何特别之处，但几乎没有任何关于移民历史同样是始于19世纪的华人移民中的其他群体例如客家人的资料信息。广府人的足迹被用来描述所有秘鲁华人移民过程的时候，起到了压倒一切以至于抹杀任何与此有别的移民群体的作用。

然而事实是，19世纪的广东省就像一棵枝繁叶茂的大树，它的人口由中国各地的社会群体组成，这些群体——例如广府人和客家人——尽管都属于汉族而且有着共同的文化根系和传统，但是其基本特质却深深受两广[①]地区自然和人文因素的影响，它们以其各自不同的路径和方向繁衍发展却仍保留着自己的特质。

① 两广，自明代景泰三年（1452年）至清代宣统三年（1911年）是一个行政单位。在过去很长一段时期，两广东部比西部发达，因此在许多情况下“广东”这个称谓占了“两广”的风头。此外，两广曾是一个在文化意义上不能分割的地区，因为粤语和广东地方文化曾在广西的许多村庄占上风（那时，广西总人口中仅有30%是壮族人）。正因如此，19世纪时秘鲁的许多华人移民自称来自广东，而实际上他们由广西或其周边地区而来。五岭和好几条河流分布在两广地区，使该地区内各地通过山路与水路相连。

在以保存自己的不同民系身份为目的而来到秘鲁以后，面对在秘鲁社会占绝对统治地位、与中国文化相去更远差异更大、从根本上代表着一种另类的第三种文化，像广府人和客家人这样的华人移民群体之间的差异是扩大了还是在“中国身份”之中消解了呢?

中国历史上，苦难最深重的一百年就是19世纪，而受影响最为惨烈的就是两广地区的民众。19世纪的两广是战争、内部争权夺利和为占有土地与稀缺资源而引发械斗的大舞台。在中国向秘鲁移民的第一阶段（1851—1864），中国南方多地发生以客家人为主力的太平天国运动。几乎同时（1854—1867），客家人和广府人在广东爆发了土客大械斗。

原本在中国互相视为敌人的两伙人——客家人和广府人，一起来到了秘鲁。华人移民的整个过程及后来华人社区在秘鲁土地上的诞生并不是从他们抵达秘鲁之时开始的，也不是从他们在厦门或澳门登船的时刻开始的，而是从19世纪两广地区特别是广东省陷入动荡和危机之时就开始了。

客家人和广府人来到秘鲁之后，他们之间的争斗是继续进行；还是在19世纪秘鲁半奴隶制的生存条件下面对种种生活上的艰难困苦和人生逆境，以及面对以农场主和大老板为代表的更为强大的共同敌人的时候，化解消失了呢?

让我们得以在中国广东移民当中区分广府人和客家人的诸多因素绝不局限于19世纪的两广地区，而是可以上溯到至少15个世纪之前的中原地区。上述诸多因素能够帮助我们了解来到秘鲁的华人移民当中哪些是客家人，这些客家人从什么地方来，来的时候他们的生活状况如何，他们是沿着怎样的路线来的，他们为什么而来，来到之后又干什么，以及这个群体在华人移民第一阶段所发挥的作用等问题。

本书的目的是对秘鲁社会的华人移民社区内部做一解剖，通过客家人这个小群体来了解19世纪抵达秘鲁的早期华人移民内部可能存在的差异、客家人对华人社区集体精神的形成造成的影响，以及他们留给其后人的精神文化遗产。

参与19世纪后半叶和20世纪初期中国人移民秘鲁潮流中的客家人经历了从“拟态”的鲜为人知到尽人皆知这样一个过程。初期表面上看去的“阙如”实际上是客家人匿形于中国其他移民群体当中在“拟态”移民，不论他们自己是否意识到这一点。但是到了尽人皆知的显形阶段，客家人作为一个保留着自己文化身份的群体仍然被秘鲁社会所忽视。

面对中国客家人移民秘鲁的历史的缺失，我们能不能找到他们遗留给其后代，也就是这些华人移民的子女在秘鲁建立起来的家庭的精神文化遗产呢？如果说在延续了数代的家庭里特别是所谓“土生”家庭里除了语言及其他文化标志之外还有更多的“客家足迹”，那么这些足迹又是什么呢？

以客家人群体作为实际参照，秘鲁社会和学界对中国人成功移民之后迅速融入秘鲁社会的过程给予了肯定。尽管客家人是一个很小且不具代表性而其文化特质又十分宝贵的群体，但客家人对树立中国人在秘鲁的形象做了怎样的贡献呢？另外，客家人的精神文化特质在其后代人当中是占据主导地位，抑或已然跟土生中国人的精神文化特质混为一体以至于完全消融于源自中国的秘鲁精神文化特质之中了呢？

“客家”这个词，字面上即含有“转移”“迁移”之义。虽然客家人长期处于迁徙状态，但是外祖母们的存在强化了传统习俗代代相传的能力，她们是传统延续到孙辈们过程中重要的一环。难道外祖母们在秘鲁也是客家传统价值观的传承人吗？

最后，本书聚焦于若干家庭的历史，通过有关家庭成员的回忆、他们提供的客家移民们的老照片和旧证件，我们可以开启一次返回旧日时光的旅行。对于他们的秘鲁后人而言，也可以开启一次寻找客家之根并构建（或重建）其文化身份的全新旅程。当此中国在世界上和平崛起之时，这样的旅程无异于使他们自己获得全面新生。

第一章　19世纪秘鲁早期客家移民

自1849年起中国向秘鲁的移民在时间上不是连续不断的，而是时断时续的。按照我们的看法，可以分为五次大的迁徙。虽然19世纪中国到秘鲁的移民绝大多数来自两广地区，但由于其民系、方言和文化传统的多样性，他们内部还是有区别的。进入20世纪之后，中国国内诸多历史事件引发更大的移民潮，移民海外的来源地也就更趋广泛。

按照秘鲁社会对19世纪华人移民的理解，华人移民是一个密集的群体，他们都来自广东，都是从澳门港登船而到达秘鲁的。因此，上述多样性一直处于隐秘状态。维尔玛·德碧琪认为："秘鲁华人移民的历史一直是以昏暗模糊的状态镌刻在人们的集体记忆之中的。"[①]

如果考虑这些移民离开中国的时代背景、所属民系、来源地、所讲的方言、登船和抵达时的具体条件、融入秘鲁社会的机制以及家世留给他们的遗产，华人移民的过程就会变得更加复杂并呈现更多的模式。尽管19世纪的中国是一个重大历史事件多发的大舞台，而且中国文化深厚的传统具有强大的聚合力，但为深入研究而探索并复原那些移民的身份特质的努力十分宝贵。

在本书对客家人移民的研究中，采用罗香林教授的"五次迁徙说"[②]作为

① 维尔玛·德碧琪：《蓝色另一面：秘鲁华人移民的150年》，秘鲁国会出版基金会，1999年，第19页。

② 罗香林（1906—1978），广东兴宁人，是客家民系及其系统研究的先行者。他对客家先民自中原迁居南方的迁徙历史的五次划分法，为后人的研究打下了基础。

参考和出发点。19世纪开始的客家人历史上第五次大迁徙，迁入地涉及几个国家，而主要以秘鲁为目的地。这次迁徙标志着客家人向美洲移民的开始，也是1849年以来华人移民进入秘鲁的第一波浪潮①。

尽管没有对华人移民的民系加以仔细的区分，但以下这份曾经由温贝尔托·罗德里格斯·帕斯托尔寻获并被德碧琪和伊莎贝尔·洛桑·埃雷拉等人引用过的1876年人口普查数据显示了当年华人移民在秘鲁各省②的分布。这次普查涵盖了我们所说的第一次浪潮（1849—1874），提供了最早阶段华人移民的真实全貌。

表 1–1 1876年秘鲁各省华人移民分布的人口普查数据表

省	人口数（人）
全国总人口	2699106
全国华人移民总人口	49866
利马（卡涅特、昌凯、坎塔、瓦罗奇里和尧约斯）	24208④
拉利伯塔德	8834
伊卡	4920
兰巴耶克	4095
安卡什	2945
卡亚俄	1474
阿雷基帕	1034
塔拉帕卡③	791
莫克瓜	586
卡哈马卡	342
塔克纳	185

① 在秘鲁华人移民的第一波浪潮中，把客家人、广府人、潮汕人和其他民系的人毫不区分地包括在一起。

② 秘鲁原有25个一级行政区，包括24个省（departamento）、卡亚俄宪法州（provincia constitucional）。因很多省不满国家的政权与经济能力越来越集中于利马，经多次权力分散化失败后，秘鲁于2002年11月16日通过《地方政府组织法》，各省和卡亚俄宪法州的地位转变为大区（región），同时将利马州（Provincia de Lima）从利马大区（利马省）分出，直属中央。不过实际上，departamento 一名仍在广泛使用中。秘鲁“región”一级的行政区划分为“provincia”，再划分为“distrito”（区）。本书为照顾中国的使用习惯，仍沿用“省”来称呼“región”，以“市”来称呼“provincia”。

③ 南美太平洋战争后，秘鲁与智利签订《安孔条约》，将塔拉帕卡割让给智利。

④ 根据德碧琪的统计，1908年首都利马只有5049名亚洲人口。详见维尔玛·德碧琪：《蓝色另一面：秘鲁华人移民的150年》，秘鲁国会出版基金会，1999年，第28页。

续表

省	人口数（人）
胡宁	169
瓦努科	75
库斯科	47
阿亚库乔	41
普诺	36
皮乌拉	29
洛雷托	27
阿普里马克	16
万卡韦利卡	7
亚马孙	5

资料来源：内务警察与公共事务部编《秘鲁共和国第一次人口普查（1876年）》，国家印刷所，1878年。

第一节　分期：秘鲁华人移民的五次浪潮和客家移民的三次浪潮

关于秘鲁华人移民的历史，秘鲁人类学家温贝尔托·罗德里格斯·帕斯托尔根据移民潮流、秘鲁面对移民现象的应对之策、秘鲁社会状况及其与这个亚洲群体的互动等情况提出了一个分期。他的这个分期“既考虑到在秘鲁各地定居下来的具有中国国籍的那些人，也考虑到这些人的包括其子女这一代在内的几代后人”[①]。

根据这些考虑，罗德里格斯提出了秘鲁华人移民历史的四个阶段：1850—1890，大量契约劳工的移民及其与秘鲁社会开始发生关联的阶段；1890—1930，契约劳工之后具有自由身份的一代华人移民的阶段；1930—1960，中国商人及其他企业界移民的阶段；1960—2010，土生[②]中国人和福建

① 温贝尔托·罗德里格斯·帕斯托尔：《秘鲁华人社区历史之分期研究》，第十六届拉丁美洲亚非研究协会会议论文，2018年，第88页。

② 温贝尔托·罗德里格斯·帕斯托尔使用“土生”（tusán）一词时，按照西班牙文名词复数的变化规则使用的是tusanes。

移民占绝对优势的阶段[①]。

表 1–2　罗德里格斯秘鲁华人移民历史四阶段

阶段（年份）	定义	本阶段重要事件	重要立法事件及结果
第一阶段（1850—1890）由半奴隶状态到契约卖身制[②]	大规模苦力移民及其与秘鲁社会的关系	1849年11月17日：国会通过法律推动沿海地区农业的发展。 （1）主要推动人为多明戈·埃利亚斯 （2）91052名移民入境（登船99611人，途中死亡8559人） （3）247移民批次： 卡亚俄：241批次 帕伊塔：6批次 （4）以下两段时间内有相同数量的移民抵达： ①1849年至1869年 ②1870年至1874年 1849年至1874年：中国苦力抵达秘鲁。 1854年9月：香港政府禁止苦力向钦查群岛移民。1855年2月解除该禁令。 1856年10月至1861年3月：禁止移民入境。 1872年5月28日：载有225名苦力的“玛丽亚·露兹”号秘鲁轮船从澳门起航。1875年6月俄罗斯仲裁员宣判，日本的做法是出于善意，不需要对秘鲁因船只被扣押而遭受的损失赔偿。 1874年3月27日：澳门总督颁布法令禁止海上客运苦力。	主要法律文件： 1849年11月17日：国会通过保护外国移民的法律，被称为《中国法》。 1853年10月6日：国会通过废除《中国法》的法律。 1856年3月5日和10月3日：禁止引入亚洲佃农的决议。只允许自愿来秘的华人移民入境。 1861年3月14日：国会通过法律，允许重启“亚洲佃农”入境，条件是由农场主或佃农雇佣者直接签约雇用。 1868年12月：中国苦力致中国皇帝备忘录，讲述其在秘鲁受到的歧视、虐待和欺骗（该消息见1869年9月10日秘鲁《商报》）。 1869年6月5日：颁布最高法令，强迫农场主在契约到期时必须将契约原件交还给劳工本人。 1872年2月24日：秘鲁与葡萄牙签订协议，以期完善华人移民合同文本条款。 1873年6月7日：颁布禁止苦力、劳工星期日上班的决议，家政服务除外。 1873年10月：颁布法令，在卡亚俄地区成立亚洲入境人员登记处。 1874年6月26日：中国代表李鸿章公使与秘鲁代表奥雷利奥·加西亚·加西亚公使在天津签订《中秘和平友好通商航海条约》。秘鲁国会于10月6日表决通过该条约。

① 温贝尔托·罗德里格斯·帕斯托尔在其论文中指出：“在结论部分所加各阶段的标题，只反映该阶段复杂局势中最主要的事件。考虑到利马华人社区的活力及流动性与其他各地的华人社区完全不可同日而语，说明这一点尤为重要。”

② 温贝尔托·罗德里格斯·帕斯托尔解释说：“这一阶段被如此定性，是因为苦力受某些未予说明的义务和虚假的承诺蒙骗，或受到逼迫，以致在中国就签订了契约。”

续表

阶段（年份）	定义	本阶段重要事件	重要立法事件及结果
第一阶段（1850—1890）由半奴隶状态到契约卖身制			1887年5月，根据秘鲁官方建议，中国代表团抵达秘鲁考察沿海河谷地区农场，了解在那里工作的华人移民的生活和工作条件[①]。
第二阶段（1890—1930）具有自由身份的移民	继苦力移民之后，自由华人一代	1903年至1908年：12000名自由移民抵达秘鲁，一部分人留在了利马，其余人到了其他省。 1904年至1937年：从香港登船的23000名华人移民抵达卡亚俄港。其中大多数是男人，妇女不多，孩子不少。 1908年：在中国成立行会为5万名申请者办理向秘鲁移民的手续。 出现了最早一批华人客栈。 华人移民成为农场主或农庄主。 华人农场主和华人商人使各省华人社团得到加强。 1911年10月10日：庆祝孙中山革命成功的活动扩展到秘鲁华人社区。	新移民成立了更多的地方会馆并且加强了各地经济往来： （1）利马的中心机构：中华通惠总局及其他团体。 （2）商业网络：首都的华人进口商与各省的关系得到加强。 （3）各地城乡的华人社团：以籍贯、经济活动、政治立场、宗教和帮会等因素为纽带。 1888年5月14日：为华人与土生子女成立了第一所中文学校。最初只有32名学生和2名教师（一名是负责小学的秘鲁老师，另一名是负责教中文的华人老师）。 1909年5月14日：颁布终止移民的法令，只接受返回秘鲁的人、正在外旅行的人或者拥有50金镑现金资本的移民入境。法令颁布之前数月内发生大规模抗议活动，反对华人移民。 1909年8月28日：波拉斯与伍廷芳（中国全权公使）签订议定书，取消华工契约制，明确设定华人移民的条件。

① 1887年5月，应秘鲁政府官员建议，中国政府的一个代表团开始访问秘鲁，并逐个考察有华工工作的农场，了解其生活和工作状况。该代表团走访了卡涅特、昌凯、苏佩河谷、巴兰科和帕蒂维尔卡（以上各地均在利马省，共2628名苦力）、伊卡、圣胡安·巴乌蒂斯塔、帕尔帕、纳斯卡-圣地亚哥、上钦查河谷、下钦查河谷、皮斯科、贡多尔、琼羌卡、乌迈峡谷（以上各地均在伊卡省，共216名苦力）、圣塔地区的内佩尼亚和圣塔（以上两地在安卡什省，共1079名苦力）、兰巴耶克、奇克拉约（以上两地在兰巴耶克市，共1449名苦力）、帕卡斯马约、特鲁希略（以上两地均在拉利伯塔德省，共2065名苦力。代表团未考察奇卡马河谷地区）、乔塔、孔图马萨（以上两地均在卡哈马卡省，共59名苦力）等地。以上所有地方共有7496名苦力。还有许多人已契约期满，但都留在了秘鲁并经营着自己的小生意。详见温贝尔托·罗德里格斯·帕斯托尔：《秘鲁华人的地狱——〈中国苦力编年纪事〉引言》，《工作日报》1975年5月27日增版。

续表

阶段（年份）	定义	本阶段重要事件	重要立法事件及结果
第三阶段（1930—1960）华人经商	华人商人及其他人士	1930年至1950年：华人商人在利马各区街角开商店和杂货铺，经营日常生活必需品，因此被当地人称为“街角的那个中国人”。 20世纪30年代：华人小客栈变身为秘鲁风味中餐馆（CHIFA）。 外省华人商人与利马的华人进口商号组成遍布全国的商业网络。 华人经济实力进行扩张与沿海居民密集地进行“中国化”。	1930年9月15日：桑切斯·塞罗政府期间颁布禁止亚洲人移民入境的法令。 1936年6月26日：颁布最高法令，限制（中国和日本）移民入境的份额。 1948年至1956年：奥德里亚政府期间实行禁止亚洲移民入境，以及因学习和工作暂在国外的有中国血统的秘鲁人回国的移民政策。 1949年8月16日：“利马和卡亚俄中餐馆、中餐厅及华人咖啡馆公会”注册成立。 沿海城乡出现华人组织：国民党支部、宗教庙宇、中国红十字会（抗战期间）、华侨华人子弟学校、土生青年俱乐部、华人墓地等。在华人密集居住的地方开设了领事馆。
第四阶段（1960—2010）土生后裔与福建客家移民	土生与福建客家移民为主的阶段	20世纪70年代：华人移民没有更新。 华人商人把经商地点与家庭住址分开。 传统上，华人移民父亲与自己的土生子女同时在自家的店铺工作。但最近40年以来，土生子女已有自己的职业。 中国烹饪在秘鲁广泛传播（秘鲁风味中餐馆以及秘鲁家庭自己烹制中国菜肴）。	传统组织的老化与衰落，尤其是在利马以外的地区。 胡安·巴伯罗·陈·纳瓦罗陪同埃内斯托·切·格瓦拉赴玻利维亚并死于当地革命斗争中。 20世纪90年代：来自福建的客家移民形成新浪潮。 1995年大选：41名有中国血统的秘鲁人竞选国会议员。 E. Wong集团在超市业获得成功。 1999年3月：由土生组成的秘华协会（la Asociación Peruano China，简称APCH）诞生。

资料来源：本表格根据温贝尔托·罗德里格斯·帕斯托尔搜集的信息制作[①]。

对于1849年至20世纪初这一时期，德碧琪根据华人移民的特点提出了两次浪潮的分期，她特别强调第二次浪潮中中国企业界移民的增加。“在19世

① 温贝尔托·罗德里格斯·帕斯托尔：《秘鲁华人社区历史之分期研究》，第十六届拉丁美洲亚非研究协会会议论文，2018年，第88页。

纪行将结束的时候，来自中国的移民中有两类人，他们或多或少地对维持秘鲁经济与社会主轴的运行发挥了重要的作用。他们中间的穷人和富人正是一枚金币的两面。”①

德碧琪从包括第二次浪潮中移民秘鲁的中国企业家在内的秘鲁企业界，因向欧洲国家出口而对生产和销售鸟粪、蔗糖、羊毛、棉花和硝石的迫切需求出发，描述了这一次浪潮发生的情况。“对亚洲劳动力的强劲需求，是蔗糖厂主和棉花种植园主持续有力的呼声。”②

表 1–3　德碧琪华人移民二次浪潮分期

分期	移民人口及其职业
1849—1874	第一批华人移民在几个农场做契约劳工、佃农和租种农，或者在全国各地小规模经商
1874—20世纪初	第二批华人移民人数较前减少（因受外国人移民入境配额制所限），但垄断了向华人零售商的供货。这些华人零售商是解除契约后转而经商的第一批华人移民。

资料来源：本表格根据维尔玛·德碧琪整理的信息制作③。

为展开本书的调查，作者在罗香林教授的启发下，根据秘鲁的具体情况，秘鲁的华人移民在时间、空间与方式上跟古巴的华人移民过程（1847年）的相似性和一致性，提出了一个新的分期。作者首先构建了一个考虑到中国和秘鲁国内重大历史性变革、两国当局采取的应对措施及其主要成效等情况，又涵盖了整个中国客家人移民全过程的浪潮系统。

由于调查的局限性，本书只描述了秘鲁华人移民整个过程——一般认为共有五次浪潮——前三次客家人移民的浪潮。在参考罗德里格斯和德碧琪二位学者的分期时，本书重点采用那些与客家人有关的历史事实。

① 维尔玛·德碧琪：《蓝色另一面：秘鲁华人移民的150年》，秘鲁国会出版基金会，1999年，第19页。

② 同上书，第35页。

③ 同上书，第17页。

表 1–4 作者的客家人移民潮分期

华人移民潮	客家人移民潮	中国国内	秘鲁国内	重要事件
第一波 1849—1874	第一波 1849—1854 来自闽南和粤北	1842年：签订《南京条约》，开放5个通商口岸。结果： （1）向海外移民通道增加。 （2）海外契约华工增加。 （3）贩卖苦力。 1844年：英国开始在厦门进行华工买卖。 1844年至1854年：华工签约中心在香港。客家华工自厦门登船出发。 重大历史事件： （1）1840年至1842年和1856年至1860年：两次鸦片战争。 （2）1851年至1864年：太平天国运动爆发。	1821年：秘鲁独立。何塞·圣马丁宣布，所有1821年7月28日以后出生的黑奴子女为自由人。 1821年至1854年：黑奴人数减少，引发秘鲁奴隶制的危机和造成农业劳动力的短缺。 1849年：颁布准许为期8年的契约华工入境的《中国法》。该法由多明戈·埃利亚斯和胡安·罗德里格斯推动制定。	1849年10月15日：丹麦籍Frederick Wilhem号轮船运载首批75名华工自厦门港抵达秘鲁卡亚俄港。 1849年至1854年：4754名契约华工自厦门启程抵达秘鲁。他们中的大多数人是闽南和粤北的客家人。 1849年至1880年：9万至10万名契约华工抵达秘鲁。他们在甘蔗种植园、沿海鸟粪场和农场主及矿主家里做佣人，从事半奴隶制下的工作。
	第二波 1854—1874 来自珠江三角洲	1854年：开始从澳门贩卖契约华工。 1874年：禁止从澳门贩卖契约华工。 重大历史事件： 1854年至1867年：广东省客家人与广府人械斗。	1854年：拉蒙·卡斯蒂利亚宣告解放黑奴。 1856年至1861年：限制华人移民入境。 从1860年起：来自美国加利福尼亚的华人移民抵达秘鲁。他们被称为“加利福尼亚华人”。 1861年：颁布重启华人移民入境的法律。	1854年至1874年：两广地区两大历史事件之后以广府人和流散在各地的客家人为主的华工开始从澳门启程前往秘鲁。 1872年：秘鲁籍轮船Mariluz号在日本横滨触礁引发外交事件。

续表

华人移民潮	客家人移民潮	中国国内	秘鲁国内	重要事件
第二波 1874—1911	第三波 1874—1911 客家人移民人数较前减少（因受外国人移民入境配额制所限）。 自香港或澳门的港口启程。 客家移民来自广东赤溪。自20世纪起移民数量增加。	1874年：签订《中秘和平友好通商航海条约》（1874年6月26日，由李鸿章与奥雷利奥·加西亚·加西亚签订于天津，1876年生效）。 1878年：中国派出以陈兰彬为首的代表团抵达秘鲁，以了解契约劳工的生活状况[①]，陈兰彬撰写访问报告[②]。 1887—1889：傅云龙进行拉美之旅。	1879年至1883年：智利与玻利维亚-秘鲁盟国之间爆发南美太平洋战争。该战又名“鸟粪之战”或“硝石之战”。 1887年：中秘两国政府成立傅云龙主持的混委会。该委员会考察了沿海若干河谷地区的农场并发表考察报告。	1874年：中秘两国建交。 1879年至1883年：与智利的战争摧毁了秘鲁的国民经济，沿海农场完全破产。 1885年：因美国实施排华法案（1882年），“加利福尼亚华人”开始抵秘。他们大多定居在利马唐人街，从事中国和美国产品的进口生意。

资料来源：本表格根据作者本人的观点制作。

第二节　客家人从何而来?

“我们客家人原本生活在中国历史早期的中原地区。我姓黄，我的先人就从那里而来。来到广东的客家人最初都住在山区。很少有客家人来自城市。他们都是逃亡而来，到了广东不得不占用别人的土地。那时他们的生活十分艰难。也正因为如此，我们客家人都比较内向、寡言，一直是这样。”秘鲁同陞会馆会长黄华安先生[③]解释说。

① 陈兰彬（1816—1895）1875年被清廷任命为首任驻美国、西班牙（古巴）和秘鲁公使，1878年正式赴任。在其回国之时，各国政府均向他提交了一份关于本国华人生活和工作状况的报告。

② 容闳（1828—1912）认为，他自己曾先于陈兰彬撰写过一份报告。但关于这份报告的具体日期学界仍有争议。

③ 黄华安是秘鲁同陞会馆（Sociedad Tung Sing）现任会长。该会馆西班牙文注册名称是Sociedad de Beneficencia China del Departamento de Yaka Tong Shing。

一段移民的传说、一片中原大地和一个共同祖先构建了一部客家人的历史。这部历史始于公元3世纪中国北方汉族若干群体的一次大迁徙。他们翻山越岭，历尽艰辛，终于在7世纪（唐初）到达广东地区。在整个迁徙过程中以及到达广东之后，在这个陷入19世纪深刻危机而动荡不安的省份，当他们跟广府人为土地和其他资源爆发争执的时候，他们心中的神话与眼前的现实发生了剧烈的碰撞。

然而，客家人的这个神话曾经一直存在于他们的心中，无论是在江西、福建和广东等省份那个被世人认为是"翻山越岭永不休止的迁徙"过程中，还是在暂居于某地并修建防御工事的时候，或是在他们或好或歹不得不跟当地民众互动的时候。终于，他们可以离开崇山峻岭到城市去了。黄华安先生说，继江西之后，他的先人们大量来到福建，特别是19世纪的福州①。他的说法正与秘鲁早期华人移民的情况相吻合②。

这些来自江西和福建的移民群体继续向相邻的广东地区进发。他们又从广东北部地区例如梅州向该省东南部迁徙。"在台山的赤溪、中山的坦洲、开平，尤其是五桂山脉③一带聚居着大量的客家人。"黄先生的介绍大致勾勒出移民到秘鲁的客家人在中国国内的迁徙路径。

一、登船的港口

第一次鸦片战争致使中国向英国开放五个港口通商。此外，还有其他一些港口被外国列强控制。这些港口为19世纪下半叶在中国捕获包括客家人在内的移民劳动力，并送他们或自愿或被迫登船远行的外国商人，提供了极大的便利。

《南京条约》规定中国除了开放上海港、浙江的宁波港和广东的广州港，还要打开福建省的福州港和厦门港的大门。而此前，清政府只允许广州港通过广州公行控制的十三行与外国人进行商业活动。

但是，从16世纪开始，葡萄牙人即向明朝政府租借澳门岛屿通商并控制

① 福建省的福州、龙岩和广东省客家人聚居地梅州，距离厦门老港口都十分近便。

② 有好几位研究学者指出，在秘鲁早期华人移民中就有来自闽南和粤北的客家人。

③ 五桂山是珠江口以西中山境内一系列峻峭山脉和带有冲积平原丘陵中的主峰。秘鲁客家人企业家奥雷里奥·谢宝山（Aurelio Pow San Chia）就出生于五桂山脉的一个村庄里。

了整个澳门地区。1842年起，澳门开始在落入英国人手中的香港面前，失去了昔日的繁华。维多利亚港的深水码头引来了众多大型商船。这个商业活动日益频繁和发展的港口，加上其他五个新开放的通商口岸，把作为商业港口的澳门远远地甩到了后面。

根据广东省的官方文件档案，“（1845年）11月20日，澳门宣布为自由港。1851年澳门成为贩运契约华工往古巴、秘鲁等地的重要基地”[①]。从那以后，澳门进入了在中国契约劳工交易领域与厦门和规模略小的汕头的竞争阶段，并远远超过了香港。

“中国契约劳工招募中心原本在香港，但由于1854年港督通过决议，主动放弃这项交易并将其让渡给澳门[②]。而澳门那里的赌博、鸦片和其他诱人堕落的场所，正好为劫持各类瘾君子进而褫夺其人身自由提供了土壤。此外，那里常常出没的海盗也向他们遇到的可能的买家，出售内战中的俘虏和团伙头目。”[③]马丁介绍说。

二、三次客家人移民潮

一般认为，19世纪曾有三次来自两广地区的客家人移民小浪潮。这三次小浪潮发生在秘鲁的五次华人移民大浪潮之中。根据广东省的官方文件档案，如果假设一个与1847年接收第一批华人移民的古巴平行的参照平台，可以看到19世纪内两国多达三次的移民浪潮均与中国两个出发港口和至少两个客家人居住区有直接关联[④]。

发生在1849年的第一次浪潮开始于福建省的厦门港。这个港口接收来自福建省南部及其相邻的广东省北部的客家移民。两年之前，到达古巴的第一批华人移民就不是在澳门登船，而是从福建省南部的厦门港和相邻的广东汕

---

① 广东省地方史志编纂委员会编《广东省志·华侨志》，广东人民出版社，1996年，第15页。

② 1871年7月22日《商报》一篇文章描述过澳门港和广州港内将要登船被运往世界各地的华工们暂时栖身的货棚。文章如此说：“这里是专门为等待登船的中国人准备的地方。进出很方便，还有消磨时间的东西比如牌九和鸦片……这些将要移民的中国人就像在既是仓库又是脏而乱的市场里，等待运走的上面贴着货物价钱标签的大麻袋一样。”见温贝尔托·罗德里格斯·帕斯托尔：《秘鲁华人的地狱——〈中国苦力编年纪事〉引言》，《工作日报》1975年5月27日增版。

③ 胡安·路易斯·马丁：《古巴的中国人从何而来》，阿塔拉亚出版有限公司，1939年，第8页。

④ 广东省地方史志编纂委员会编《广东省志·华侨志》，广东人民出版社，1996年，第15页。

头港出发的。

“从厦门和汕头出发的第一批苦力中大多数人似乎都是客家人（和潮汕人）。1859年在香港匿名出版的一本小册子——它极力为已经恶名昭彰的苦力交易辩护——介绍说，新招募的契约劳工讲的是广东话、客家话和汕头话。”胡其瑜详细解释道。同时，胡其瑜也指出，被贩卖到古巴的中国劳工里讲客家话的人数和讲广东话的人数相比显得微乎其微[①]。同样的情况不久之后也发生在了秘鲁。

古巴的早期中国劳工里没有任何广府人——不论是什么出身的，更没有番禺人或来自广州的家有资产的人。直接来自中国（而不是马尼拉。因为在契约劳工出现之前曾有来自菲律宾的劳工）的人里面大多数都是客家人——汉语里对“客家”这个称谓解释为：“外来的家庭。”广东人把这些人称为客家人[②]，马丁详细介绍道。

根据这位学者的研究，古巴早期苦力均来自这个民系集中居住的地方，即福建省晋江流域一带，那里商品流通十分发达[③]。在劳工登记档案里，也提到他们是“福佬”、“河洛人”、“疍家人”或“水上人”、福州及厦门附近的居民“州州”（chau-chau）。

针对秘鲁的情况，洛桑·埃雷拉认为上述关于古巴的材料与秘鲁早期华人移民的情形大体一致。“最早抵达秘鲁的客家人均来自与广东北部接壤的福建省的南部山区。”[④]厦门与汕头两个港口相距很近，两地招募来的劳工讲的是客家话或潮汕话。这两点即说明了秘鲁早期移民来源的问题。

自1854年开始的第二波浪潮包括了广东省内被开放的港口以及澳门港。

---

① 胡其瑜：《从种植园到唐人街：古巴的广东土客移民关系》，“变迁中的客家社会与文化”研讨会论文，梅州，2014年，第88页。

② 胡安·路易斯·马丁：《古巴的中国人从何而来》，阿塔拉亚出版有限公司，1939年，第5页。

③ 同上。

④ 伊莎贝尔·洛桑·埃雷拉：《秘鲁的中国会馆与庙宇》，秘鲁国会出版基金会，2000年，第127页。

这些港口与珠江三角洲地区、四邑地区，例如新宁县[①]（今台山市）和赤溪厅[②]的客家人关系密切。这一条线索上还有惠州及其附近客家人独居的地方和客家人与其他民系的人们混居的地方。

英国人把契约劳工交易中心让渡给葡萄牙人，也导致了这些劳工招募地点的变化。第一波浪潮中那些劳工都是在福建中部沿海和相邻的广东北部招募的，而第二波浪潮则始自广东中部沿海的珠江三角洲地区。这一变化从招募来的劳工们的口音中也可以察觉到——他们的口音已经从客家话和闽南话转变为粤语和其他地方方言。

1854年对于理解两次浪潮的区分有着关键性的意义。那一年，原本位于香港的华人劳工招募中心搬迁到澳门。同年，爆发了客家人与广府人的大规模械斗。这两个事件都发生在太平天国运动（1851年）开始三年之后。这几件均发生在两广地区的大事对其后的移民过程产生了很大影响[③]。

1854年至19世纪末移民到秘鲁的中国人群体，主要讲广东方言或称粤语，当然不排除仍有讲其他方言如客家话的中国人。这个变化主要缘于出发港口已变为距离珠江三角洲地区和四邑地区十分近便的澳门港。而居住在上述两地区的主要是讲粤语的居民，因此他们十分自然地成为19世纪秘鲁华人移民的主要成员。

根据广东省的官方文件档案，那些移民秘鲁的劳工都是在沿海地区招

---

① 新宁县，明弘治十一年（1498年）置，治新宁城（今台城镇），属广州府。因地多山近海，盗贼频扰，民企更新安宁，故名新宁。清同治六年（1867年），析潮居、矬峒二都置赤溪厅（治赤溪），直属广东布政。1914年因与湖南、广西新宁县同名，遂以县城北三台山而易名台山，县城亦改称台山城（台城）。1953年撤赤溪县并入台山。1983年属江门市。1992年撤县设市，由江门市代管。

② 在广东省台山市东南部，包括赤溪半岛及大襟岛等。面积118平方千米。因溪流多泥沙色赤，故名。明弘治十二年(1499年)属新宁县。清同治六年（1867年）二月，“土著”与“客籍”械斗，为减少土客冲突，当局将“客籍”人聚居处潮居都大部分与矬峒都小部分从新宁县划出，成立赤溪厅，直属广东布政司。民国后，厅改为县建制，称赤溪县，以今赤溪城为县城。1953年撤县，复归台山县辖；1986年12月称赤溪镇。

③ 胡其瑜评论说，1864年太平天国运动引发的暴力冲突结束之后，清廷官军与广府人联合在一起剿灭客家起义者，使客家人变成“一半是匪寇，一半是逃犯”，流落在荒郊野岭。详见胡其瑜：《从种植园到唐人街：古巴的广东土客移民关系》，“变迁中的客家社会与文化”研讨会论文，梅州，2014年，第88页。

募，然后被贩卖，最后在澳门登船去往拉丁美洲国家[①]。尽管在1851年至1867年期间整个两广地区都处于太平天国起义和客家人与广府人之间的大规模械斗引发的动荡状态，但分散在这片土地上处于极为脆弱状态下的客家人却成为两次冲突中最为惨烈的失败者。

正如胡其瑜所描述的，华工招募者在中国南方遇到了“最理想的地方，那里可以随意劫持不设防的贫民，特别是那些为逃离经济窘境和官府迫害而绝望无助的年轻人”[②]。1864年太平天国运动的结束造成了“客家人颠沛流离最为惨痛的局面”，胡其瑜引述《中国历史上的移民与族群性》（斯坦福大学出版社，1997年）一书的作者梁肇廷的话说道。

“太平军被剿灭的时候，越来越多的客家人在乡村间流浪，或者在广州和其他城市寻找栖身之所和谋生手段，或者设法逃离南方以躲避官府的迫害。失败的起义者们成群结队地向海外移民。东南亚、檀香山、包括古巴和秘鲁在内的南北美洲，都是他们的目的地。清政府地方官员也极力利用苦力招募者摆脱这些惹麻烦的起义者。”[③]这位学者介绍说。

这份文件还介绍说：“是年至同治十三年（1849—1874）珠江三角洲和四邑地区许多人应招到秘鲁开采磷矿。”[④]虽然它没有说明这些劳工的民族或民系，但应该指出的是，“山上的客家人”一向从事农业生产和采矿，这与善于经商的广府人有很大区别。

马丁指出，在古巴接收了大批来自福建的“客家人或福佬”之后，由于第一次鸦片战争遗留的国内乱局以及英国人在广东的活动产生的社会问题，一场更为深刻的经济危机使得移民们把目的地转为菲律宾、澳大利亚、美国、墨西哥、秘鲁[⑤]。

新招募的华工不是来自广州及其郊区，而是来自西江和北江交汇处形成

---

① 广东省地方史志编纂委员会编《广东省志·华侨志》，广东人民出版社，1996年，第15页。

② 胡其瑜：《从种植园到唐人街：古巴的广东土客移民关系》，“变迁中的客家社会与文化”研讨会论文，梅州，2014年，第88页。

③ 同上。

④ 广东省地方史志编纂委员会编《广东省志·华侨志》，广东人民出版社，1996年，第15页。

⑤ 胡安·路易斯·马丁：《古巴的中国人从何而来 》，阿塔拉亚出版有限公司，1939年，第7页。

的三角洲地区，更具体一些，就是广州老城以西的地方[①]。马丁所指的地方实际就是珠江三角洲地区，那里的居民主要是广府人，那里也是发生客家人与广府人械斗的地方。

第三波客家人移民浪潮发生在1884年至20世纪初客家人企业家奥雷里奥·谢宝山抵达秘鲁的时期。谢宝山拥有众多生意。他买下了四个农场，拥有一家航运公司，还有一家保险公司。他的宝龙商号是他与客家籍合伙人共同经营的连锁企业的第一家。

根据从小就很熟悉华人社区的约瑟夫·克鲁兹介绍，谢宝山相当有名，因为“他有许多佃户”，人们都说“80%在奇克拉约落户的客家人都是他带过来的”[②]。中国企业家招募自己同村或同一地方的讲同一种方言的老乡是十分普遍的做法，谢宝山就喜欢招收自己家族的人。

这些新移民中的许多人都来自广东赤溪。这个地方自不同民系的居民械斗之后的1867年起就被划为客家人的专属居住地。由于华人移民登船出发港口的增加以及20世纪以来的发展进步，抵达秘鲁的新移民也有乘民航班机来的，也有从其他地方比如香港或美国加州来的，甚至还有通过厄瓜多尔抵达秘鲁北部和通过巴西抵达秘鲁亚马孙地区的。

历史上的华人移民是通过什么路线到达秘鲁的呢？根据洛桑·埃雷拉的研究，自1908年起，原先的经日本至加利福尼亚由太平洋沿岸到达智利的传统路线已经废弃不用，而是采用了另一条更长的路线，即中国南海—印度洋—利物浦或里斯本—马瑙斯（巴西）—伊基托斯—奇克拉约。后来又有从瓜亚基尔（厄瓜多尔）进入秘鲁的。似乎这条路线是赤溪镇和中山讲客家话的老乡们经常选择的[③]。

---

① 胡安·路易斯·马丁：《古巴的中国人从何而来》，阿塔拉亚出版有限公司，1939年，第7页。

② 对约瑟夫·克鲁兹的采访。

③ 提到的其他地区是福建及其与广东潮州相邻的交界地区。这一交界地区的方言与闽南话相近。详见伊莎贝尔·洛桑·埃雷拉：《新移民：一个新的社区？秘鲁华人社区在彻底转型》，载陈志明编《劳特利奇中国侨民手册》，劳特利奇出版社，2013年，第375—402页。

表 1–5 历史上华人移民到秘鲁的路线

分期	出发港口	人口、来源地和出发路线
1849—1854	主要港口： 福建省厦门港[①]和广东省汕头港 替代港口： 福建省福州港[②]	1. 闽南和粤北及其周边的客家人从福建省的厦门和广东省的汕头出发。这两个港口在相邻的两个省份中，但相距不远并且水路相连。 在闽南及其周边： 客家人聚居在龙岩和三明两地区的长汀、连城、上杭、武平、永定、宁化、清流和明溪等县市。 龙岩市永定县与粤北的梅州市毗邻。 闽西的汀州（又称长汀）被认为是客家文明的摇篮。汀州地处汀江畔，汀江由此流向南方从而将汀州与粤北的梅州连接在一起。汀江素有“客家人的母亲河”之美誉。 2. 在广东东北部，客家人主要集中在梅县地区。 在粤北： 梅县地区（1970年设）1987年辖区包括一个市和六个县，即梅县市、平远县、大埔县、蕉岭县、兴宁县、五华县和丰顺县。 梅州与河源是客家人聚居之地。梅州以其移民数量之巨号称“世界客都”。
1854—1874 （该时期之后便禁止在澳门招募华工）	主要港口： 澳门（招募签约） 替代港口： 广州港： （1）珠江 （2）黄埔长洲 汕头港： （1）南澳岛 （2）妈屿[③] 香港	1. 珠江三角洲和四邑（新会、开平、台山、恩平）的客家人通过澳门港移民。该地区是客家人与广府人爆发冲突的地方。 客家人与广府人之间的冲突在珠江三角洲地区爆发。据说这场械斗中成为俘虏的人经澳门港被卖到海外当苦力[④]。 2. 广东省东南部的客家人经澳门港移民。世界上客家移民的绝大多数都来自这里。 广东省东南部[⑤]：

① 厦门港从宋代就与海外通商，尽管那时贸易量有限。后来成为向欧洲和美洲出口茶叶、瓷器和纸张的主要港口。在许多历史档案中，它作为华人移民登船出发的港口而出现。

② 福州港自宋代以来变成中国东南沿海的重要港口。1867年在那里建成了一间造船厂、一个军火库和一家航运学校。

③ 广东省地方史志编纂委员会编《广东省志・华侨志》，广东人民出版社，1996年，第44—45页。

④ 同上。

⑤ 广东省地方史志编纂委员会编《广东省志・华侨志》，广东人民出版社，1996年，第178页。

续表

分期	出发港口	人口、来源地和出发路线
1854—1874（该时期之后便禁止在澳门招募华工）		广东省东南部的惠阳地区（包括宝安县[①]。1970年设）1987年辖区包括二市和十县，即惠州市和东莞市以及惠阳县、惠东县、海丰县、陆丰县、博罗县、河源县、龙川县、紫金县、连平县和和平县。 客家方言和潮州方言交界地区有丰顺县、揭西县和海丰县。人们把居住在两个方言区之间的山脉里的客家人叫作“半山客”。这些客家人同时讲客家方言和潮州方言，而且接受了具有特色的潮州文化。
1884年及以后	主要港口： 广州和香港 替代港口： 广州港： （1）珠江 （2）黄埔长洲 汕头港： （1）南澳岛 （2）妈屿[②]	赤溪客家人 赤溪厅是专门为客家人居住划分的地方，位于今广东省台山市东南部，在六邑的范围之内。该厅成立于客家人与广府人冲突结束之时的1867年。 根据《台山古今概览》，赤溪客家人的祖先于清代雍正年间（1723—1735）和乾隆年间（1736—1795）由惠州、潮州和嘉应州（梅州旧称）来到当年的新宁（台山旧称），聚居于曹峰。大约有30万人。清代道光年间（1821—1850），台山居民大批移民到马来西亚、缅甸、泰国、古巴和墨西哥[③]。 在香山[④]居住的主要是广府人，但也有客家人和潮州人。因此，这里讲粤语、客家话、潮州话和其他方言。在五桂山地区讲一种特殊的客家话——五桂山客家话。

资料来源：本表格根据若干中国学者和官方文件提供的资料制作[⑤]。

包括客家人在内的两广地区处于重重危机之中，在这样一个平台上发生了连续两次的客家人移民浪潮，移民们是在寻找逃离的出路。在第一波以秘鲁为目的地的移民浪潮发生之前七年，第一次鸦片战争结束。这场战争结束后，整个国家仍然笼罩在前途未卜的战争氛围之中。不论在福建沿海还是在

① 宝安县，位于珠江三角洲，曾属于惠阳地区。1979年划归深圳市。现为深圳市下属的一个区。

② 广东省地方史志编纂委员会编《广东省志·华侨志》，广东人民出版社，1996年，第44—45页。

③ 必须指出，尽管秘鲁是这几条通往拉丁美洲的路线中的一条，但是却没有提到秘鲁。详见台山县地方志编纂委员会编《台山县志》，广东人民出版社，1998年，第106页。

④ 中山1925年之前称为香山。

⑤ 台山县地方志编纂委员会编《台山县志》，广东人民出版社，1998年，第106页。广东省地方史志编纂委员会编《广东省志·华侨志》，广东人民出版社，1996年，第44—45页。

广东沿海，当地居民都具有向海外移民的便利条件并抓住了有利时机。

第二波和第三波移民浪潮同样由那一地区前后两次动乱——1851年爆发的太平天国运动和1867年客家人与广府人械斗所引发。这两次危机在长达16年的时间里给珠江三角洲地区和四邑地区造成了剧烈的社会震荡。赤溪作为专门为客家人保留的居住地，则直接关联着第三波亦即最后一波19世纪至20世纪的移民浪潮。

这三波客家人移民浪潮仅仅是19世纪秘鲁以广府人为主的华人移民整个过程中的一小部分。根据官方报道，在有客家人居住的中国南方三个主要省份——江西、福建和广东——存在着许多个客家移民比例相当高的村庄即所谓“侨乡”[①]。对秘鲁而言，赤溪的客家人移民情况[②]极具代表性。

同时，反向的过程也未停止。像其他民系的移民一样，客家人与他们的家乡保持着密切的联系，一方面促进了以家庭链条为主要渠道的向外移民，另一方面也方便他们退休之后返乡定居。“广东客家语系侨乡有一百多万归侨[③]，侨眷[④]100万人以上，旅居海外的华侨[⑤]和华人[⑥]约300万人。”[⑦]

从广东省官方报道[⑧]中出现的这些词汇就可以想象到整个移民有多大的规模。在官方报道里可以发现专门用以描述华人移民状况、移民们在国内的亲属、他们的家乡，甚至他们的子女的词汇，例如“华裔”[⑨]和“土生”[⑩]。后者在秘鲁的说法是tusán，用以指称中国人与秘鲁女人婚后出生于秘鲁的子女。

---

① 侨乡，主要是指国内某些华侨较多而归侨和侨眷较集中的地方（村、镇或县）。

② 根据《梅县要览》记载，1931年至1940年间，华侨在梅县的平均年投资1500万元至2000万元，1940年达到3000万元。同一时期，一个县的最高年财政收入从未超过100万元。根据厦门大学南洋研究所1959年对梅县的调查，1862年至1949年间，华侨在该县房地产业、商业、金融业、工业、矿业、交通和服务业共投资了1486.9万元。详见广东省地方史志编纂委员会编：《广东省志·华侨志》，广东人民出版社，1996年，第181页。

③ 归侨，指在外国生活一段时间后回到国内的海外移民，也就是归国的华侨。

④ 侨眷，指住在外国而保留本国国籍的居民在国内的家眷。

⑤ 华侨，指生活在国外但仍保留中国国籍的中国人，也就是旅居国外的中国人。

⑥ 华人，指取得所在国国籍的中国血统的外国公民。同时，它可指中国人。

⑦ 广东省地方史志编纂委员会编《广东省志·华侨志》，广东人民出版社，1996年，第178页。

⑧ 同上。

⑨ 华裔，指华侨在侨居国所生并取得侨居国国籍的子女。

⑩ “土生”是对成语“土生土长”（在某地出生并在该地成长）的缩略。在秘鲁和其他海外的华人社区，也是中国移民父亲对其与当地女人所生子女的称呼。

黄华安先生强调："抵达秘鲁的客家人当中，许多人来自台山（赤溪镇）、鹤山和中山。他们人数众多，直到现在，至少有一万多人。他们还在讲客家话。在中华通惠总局出版的纪念特刊里，厦门和澳门就被作为当年客家人登船出发的港口明确标注出来。"①

客家人后裔古斯曼·康作为表示："生活在秘鲁的许多客家人的祖先都是从当年中山的一些客家人村庄和珠海而来。从前，中山和珠海是在一起的，在澳门的旁边，人们称之为香山。也有从鹤山和台山的客家人村庄②而来的，还有从南海而来的。"③

洛桑·埃雷拉在对利马马埃斯特罗神父公墓内1865年至1885年期间中国人墓地上墓碑进行仔细研究之后表示："这里来自广东省东北部各县的中国人居多，也就是说，来自客家方言区的人居多。客家话在秘鲁并不陌生。有些逝者来自太平天国运动最为剧烈的地方。"④

洛桑·埃雷拉仔细分析了这些墓碑的内容，她发现，有的逝者是福建的客家移民，有的则是潮州和广东东北部的客家移民。她还发现，有的墓碑上刻有逝者所属的会馆名称。"可能是某个商号，例如同兴公司——聚拢了早期抵达的客家商人的组织。后来这家商号又变身为同陞会馆，也就是一个具有社会救助功能的团体，它为其成员提供防病帮助和一份主要用于支付去世成员丧葬费用的保险。"⑤

第三节　赤溪和田头

赤溪的历史对于理解客家人身份特征极为关键。客家人身份特征的形成

---

① 秘鲁中华通惠总局编《华人抵达秘鲁150周年纪念特刊》，秘鲁中华通惠总局，2002年，第19页。

② 指的是广东省台山市客家人聚居地赤溪镇。

③ 蒂诺·古斯曼·甘"客家人在秘鲁"小组内的文章，https：//www. facebook. com/groups/HakkaPeru/? ref=bookmarks。

④ 伊莎贝尔·洛桑·埃雷拉：《马埃斯特罗神父公墓华人墓碑的启示》，载伊莎贝列·加马拉·戈伊苏埃塔编《拉丁美洲第一座纪念碑式公墓——马埃斯特罗神父公墓200周年》，米克斯马德出版公司，2008年，第90—91页。

⑤ 同上。

与客家人跟广府人之间爆发的械斗造成的影响密不可分。在赤溪，当地居民及其海外移民与自己的家族所保持的关系非同寻常。这与其他族群的人与自己家乡保持的关系很不相同。由此，研究者们认为，客家人是唯一一个具有跨国身份特征的中国人族群。

位于广东省中部的赤溪半岛的地形地貌为保留居住在南峰山（又名曹峰山）两侧的客家传统习俗提供了天然屏障，同时其西侧地峡形成了一条天然走廊，为当地客家农民向外移民提供了方便。这片自1867年起即划定为客家人居留地的地方是个富庶的农业区，它三面环海，当地人在这里建立了与海外客家社团联系的特殊方式。

赤溪和田头[①]的客家人为什么要移民海外？进入20世纪，这个农业区域的冲突、瘟疫和饥馑依旧存在，加上向外移民，导致了这里人口数量的下降。根据台山新宁县和赤溪县历史档案记载，19世纪内客家人与广府人的大规模冲突造成23000多人死于械斗，20000多人死于疾病[②]。

1867年客家人与广府人发生大规模冲突后，赤溪被确定为客家人的专属区域，当地人口从3万增加到1916年的9715户80669人[③]。但是，1938年那里发生了两次瘟疫。五年之后，那里又爆发了一次大饥荒。加上此后解放战争期间社会动荡，在1953年第一次全国人口普查中当地人口已下降到4638户15752人，也就是人口已不及当年成为客家人保留地时的一半[④]。

向海外移民是这个明显变化的主要原因。东南亚各国和几个邻国是移民的主要目的地。在马来西亚（由于大量赤溪移民的聚集，在Sengalore形成了一个名为“小赤溪”的地方）、新加坡、泰国、印度、越南、日本、朝鲜、澳大利亚以及美国、加拿大、荷兰、英国和法国等地都有大量的赤溪移民。

向美洲大陆各国移民的赤溪人在不同历史时期分别抵达秘鲁、古巴、巴拿马、厄瓜多尔、墨西哥、委内瑞拉、巴西、智利、阿根廷、伯利兹和苏里

---

① 在广东省台山市东南部沿海。面积121平方千米。因地多藤，原名藤头，方言谐音成田头。原为赤溪镇地，1991年划出置镇。2001年赤溪、田头两个建制镇又合并为赤溪镇，镇政府驻地设于田头圩。

② 陈素敏：《田头：赤溪半岛经济主战场》，《江门日报》2015年7月10日A11版。

③ 《赤溪镇志》编纂委员会编《赤溪镇志》，《赤溪镇志》编纂委员会，2015年，第290页。

④ 同上。

南。他们在这些地方都成立了赤溪同乡会，以保持与家乡的联系，例如在秘鲁就有秘鲁赤溪同乡会馆和海外历史最悠久的成立于1885年的马来西亚吉隆坡赤溪公馆[①]。

秘鲁的赤溪人和田头人

曹峰两侧的两个镇——赤溪和田头[②]——是两片令20世纪以来秘鲁客家移民们魂牵梦萦的地方。按照赤溪镇侨联主席兼《赤溪侨刊》主编钟日平的说法，这两片土地上的两个镇都与秘鲁有着密不可分的关系。“迄今为止，这两个镇里有30多个家庭与秘鲁客家移民保持着密切的关系。”[③]

尽管没有关于19世纪赤溪人和田头人与秘鲁关系的官方文件，但我们从几个家庭的历史里可以知道，这种关系从19世纪末或20世纪初就已经开始，而且自1912年起，这一关系日益紧密。与中国其他地区在秘鲁的移民社团有明显区别的是，整个20世纪，秘鲁赤溪同乡会馆通过与赤溪侨联的协同合作[④]促进赤溪和田头的客家家庭与秘鲁客家移民关系的发展。

赤溪侨联的记载表明，双方的联系自1912年中华民国成立起就已建立，并且一直保持到中华人民共和国成立之后的今日。“赤溪和田头的客家人都是通过家庭的纽带移民到秘鲁的利马和卡亚俄，又从那里迁往奇克拉约、伊基托斯和其他地方的。”[⑤]钟先生解释说。他手里有一份在秘鲁的赤溪客家移民通讯录。

赤溪和田头的客家移民一旦在秘鲁定居，不管是自己做生意还是跟其他同乡合伙做生意，就开始为他们的亲属来秘鲁提供帮助，比如开始阶段为其提供住处和饮食，帮他们找工作，直到他们自己攒够一笔资金独立出去创业。在几种关于海外赤溪客家人的刊物中，我们可以看到他们返乡与家人团

① 《赤溪镇志》编纂委员会编《赤溪镇志》，《赤溪镇志》编纂委员会，2015年，第272—273页。

② 田头圩现在隶属于台山市赤溪镇，历史上多次分出自或合并入赤溪镇。广东省台山市赤溪镇侨联主席、《赤溪侨刊》主编钟日平认为，田头现尚存100余处客家传统风格的建筑。

③ 广东省台山市赤溪镇侨联主席、《赤溪侨刊》主编钟日平的采访记。

④ 赤溪镇政府办公室保留着一份旅秘赤溪同乡的名单。

⑤ 广东省台山市赤溪镇侨联主席、《赤溪侨刊》主编钟日平的采访记。

聚和为当地社区及侨联捐款的名单[①]。

生活在秘鲁的移民及其生活在中国的家庭提供的有关材料，在历届世界赤溪、田头客属恳亲大会上被与会者分享。何仲儒参加了2011年的第三届大会，他向作者讲述了他的家人是如何遍布全世界的。“我祖父曾被卖猪仔[②]到美国当金矿工人，我祖母到过马来西亚洗锡米[③]，我伯父在秘鲁做小商，我父亲去古巴做蔗糖工人。赤溪，田头华侨较多，可见一斑。”[④]

据何仲儒介绍，赤溪和田头有一千多人移民去了南美洲，主要是在秘鲁和巴拿马。他提到了元善镇的邬子才和茭笋镇的李观恩二人，他们是第一次世界大战期间海外赤溪田头移民中最为富有的老乡。二人的生意都在秘鲁，他们回乡时给同乡们捐了许多善款。二人被大家看作成功人士而备受尊敬[⑤]。

20世纪初，邬子才做甘蔗生意并且建了一家榨糖厂。他为建设田头学校捐了一千块银元。李观恩在海外做生意致富，后在香港、广州和家乡都盖了楼房。饥荒年代和日本侵华战争时期，他都慷慨解囊。直到今天，赤溪和田头的乡亲都记着他的善举。他的儿子李芸生曾在北京工作，是国家公务员，现在退休了[⑥]。

侨乡刊物记载着大量的海外客家人的捐款，其中大多数用于赤溪和田头两地孩子们的教育。1972年，旅居秘鲁的罗振中先生向田头学校捐款购买大量书籍，并建立了后来以他的名字命名的图书馆。1986年，离国六十年的胡汉成先生返回故乡长沙村时，见母校破败，筹建了一座3层12间教室的“胡汉成教学大楼”[⑦]。

---

① 自1910年以来，赤溪一直为其居民编辑出版物，介绍海外客家人生活、客家文化和其他趣事。其中最著名的是《曹峰侨刊》，这份刊物特别强调客家文化的特点。钟日平是《赤溪侨刊》和《赤溪海外华人新闻》的主编。

② “卖猪仔”在广东是贩卖苦力的委婉说法。

③ 锡米，指一种锡矿石，除用来制作甲板防腐剂，还应用于焊接和瓷器颜料。洗锡米是山区客家人早已熟悉的一种劳动。

④ 世界赤溪田头客属第三届恳亲大会会刊编辑组编《世界赤溪田头客属第三届恳亲大会会刊》，世界赤溪田头客属第三届恳亲大会会刊编辑组，2001年，第33页。

⑤ 同上。

⑥ 世界赤溪田头客属第三届恳亲大会会刊编辑组编《世界赤溪田头客属第三届恳亲大会会刊》，世界赤溪田头客属第三届恳亲大会会刊编辑组，2001年，第68页。

⑦ 同上。

自2000年以来，赤溪和田头两地来自秘鲁的捐款持续增加。胡汉成说，2001年5月31日他捐赠了三笔款项（147600元人民币、108300港元和54530美元）用于家乡包括学校、医院、饮用水、海外同乡刊物和公路等在内的13项计划[①]。

20世纪80年代以后，回乡探亲的海外客家人越来越多。其中，钟氏宗亲回乡寻亲就是最好的例子。2015年11月9日，在珠海乡亲钟新松先生、钟运莲女士的陪同下，秘鲁和马来西亚的钟氏宗亲30人回到田头定丰村的祖屋焚香祭拜祖先，并到镇政府大院和田头、铜鼓等地参观[②]。

① 世界赤溪田头客属第三届恳亲大会会刊编辑组编《世界赤溪田头客属第三届恳亲大会会刊》，世界赤溪田头客属第三届恳亲大会会刊编辑组，2001年，第79页。

② 钟日平：《秘鲁、马来西亚的钟氏宗亲回乡寻亲》，《赤溪侨刊》2015年第51期，第25页。

第二章　隐身与拟态：19世纪秘鲁客家人出现（与消失）的可能性

由于内在和外在因素的影响，秘鲁的华人移民历史初期，客家人经历了一个由没有被外人察觉到渐渐隐身的过程。就是在那一时期，在中国流传着若干关于客家人的传说，太平洋战争在南美两个邻国之间爆发，同时失败的太平天国运动者来到秘鲁的土地上。据说这些太平天国运动者在这里也带头倒戈以至于战争的天平失去了平衡。

一个导致客家人转移的内在因素是中国国内的激烈冲突。虽然客家人在由中国北方向南方迁徙的过程中连续不断与其他族群发生冲突，但那些冲突已是常态。然而，太平天国运动和土客大械斗却使他们变成最为惨烈的牺牲品和输家。因此，被裹挟在移民浪潮中以及后来组成海外社团过程中的客家人有意无意地采取了不使外人察觉的策略[①]。

在中国，客家与广府两个民系之间的争斗，在太平天国运动期间和客家人与广府人之间的大规模械斗中达到了顶峰。这一争斗是客家人采取“隐身”策略的原因。在秘鲁，当客家移民的数量在19世纪下半叶和20世纪初开始增长的时候，华人社区的绝大多数是广府人。面对昔日敌人，深知自己势

① 在客家人与广府人爆发冲突期间，会经常听到广府人喊一些口号，诸如“我憎恨客家人”“他们在分裂广东”。详见郭思嘉编《客人：中外客家人的身份》，华盛顿大学出版社，1996年，第88页。

单力薄的客家人便主动隐身以图自保。

在中国，各种偏见和成见形成一波巨浪向客家人涌来。根据在广东一带活动的外国传教士的介绍，在广府人眼里，客家人“又野蛮又土气”，“讲一口稀奇古怪的话，穿的衣服和风俗习惯也跟广府人大不相同”。广东人甚至说：“他们根本不是中国人。”这最后一句话让客家人感到极度愤怒，因为他们一直认为自己才是“真正的中国人”。

客家人与广府人的对立被这两个民系的移民们带到了国外，其典型的例子就是马来西亚的华人内斗事件。1870年，至少有4万多名广府人和客家人在霹雳州的矿山当苦力。从1861年至1874年，广府人控股的义兴公司与客家人占大多数的海山会馆为争夺拉律山战争的控制权而发生冲突。冲突之后，人们把拉律山改名为太平山。

在台湾，当客家人到达宝岛的时候，产生于福建省的那股“反客家人情绪”[①]仍在继续。一段时间之后，在末代封建王朝的清朝，河洛人，亦即福佬（闽南人）也因土地纠纷跟客家人形成对立甚至发生械斗。在马达加斯加，早年到达的广府人曾想方设法阻止客家人向那里移民。

这股“反客家人情绪”应该也存在于秘鲁早期华人移民之中。在首都利马，广府人因经商有道享有较优越的地位和条件，而客家人却仍在偏远地区从事较艰苦但收入并不高的工作。只是到了后来，当这两个民系的人们面对共同的对立面——秘鲁社会的时候，他们之间的矛盾才稍稍缓和了一些。

而正是秘鲁社会这个外在因素迫使客家人采取“拟态”策略，他们以此“隐身”在广东人群体里。在19世纪华人移民的早期和20世纪里，中国人在秘鲁的形象就是按照广东人的模样描绘的，所有其他移民群体的特点都像客家人那样被消解或被动进入拟态。

由于对中国人移民没有丝毫认识，对来到秘鲁的不同的中国人群体几乎

① 海外各客家人社团认为，“反客家人情绪”是在华人移民的不同阶段都一直存在的一种现象，虽然这种说法引起了一系列争论。

完全不理解[①]，居住在秘鲁的中国人社团内部曾发生的事情，比如华人移民抵秘之初不同民系之间冲突的背景、原因、导火索等，都完全不被秘鲁人所知晓。19世纪上半叶秘鲁当地报纸只是报道说："中国人之间在打架。"[②]

因此，这些消息并没说清楚至少是19世纪上半叶发生在秘鲁的客家与广府两个不同民系之间的斗争是他们在中国国内斗争的继续，就像在其他有这两个民系的移民的国家里发生的事情一样。这些冲突在秘鲁沿海地区有华人契约劳工工作的农场里极为普遍，温贝尔托·罗德里格斯研究员搜集到的材料也表明了这一点[③]。

根据所有例证所显示的，我们可以认为，不管是拟态还是隐身，都是处于移民过程中以及后来各个时期里客家群体为了生存而采取的策略，同时也是他们面对具有敌意的环境——无论是中国人的还是外国人的——以自己的身份特质修筑起来的抵御外部敌人的碉堡。

第一节　从太平军的传说到南美太平洋战争（1879—1883）

在中国关于拉丁美洲历史的网页中，最著名的一段是以客家人——那些当年的太平天国运动者为主角，以发生在秘鲁和智利的沿海地区的南美太平洋战争为舞台而发生的事情。这个被秘鲁人称为"太平军传说"的故事说的是，当年太平军的整一个营在秘鲁和智利交战的时候为后者提供帮助来反对前者[④]。

这个故事讲述的是，19世纪下半叶在中国人向拉丁美洲移民的第一波浪

---

① 不仅指的是秘鲁社会，而且也指其他华人群体的无知。约瑟夫·克鲁兹讲了一段有关的轶事："我的一位学风水的女学生到一个华人家庭去做客，并且跟大家讲起了客家人的民间风俗。一位到那个家里做客的广府女学生说，我就是中国人，我怎么没听说过这些事情？在一旁好像看电视足球比赛并没注意我们的谈话的客家老爷爷接着说，对的，那儿的人都是这么做的，他们在农村都这么做。"

② 温贝尔托·罗德里格斯·帕斯托尔搜集的档案。

③ 温贝尔托·罗德里格斯·帕斯托尔搜集了报刊上以及从其他方面获得的一系列关于19世纪下半叶和20世纪初在秘鲁沿海农场里华工不同群体之间打斗的资料。罗德里格斯慷慨地将这些资料提供给了本书作者进行分析研究。

④ 易念：《智利震灾城惊见太平天国后人》，《中时电子报》2014年4月4日，https://www.chinatimes.com/newspapers/20140404000904-260309?chdtv。

潮中，以及在这些契约劳工或说苦力，融入当地社会的过程中（包括在比秘鲁早两年接受契约华工的古巴）发生的事情。根据这个传说，在古巴人民争取独立的战斗中，得到一些前太平军士兵的积极支持。

虽然没有相关历史档案，但中国的学者们对秘鲁的情况进行了相当多的研究。不同方面资料表明，太平军残余部队的士兵很可能逃到中国南方沿海，以矿工的身份乘船前往拉丁美洲。“1860年，一支3万余人的太平军退守福建后，在西方列强和清军联合围剿下踏上到海外当‘契约矿工’的求生之路。”①

还有其他一些说法。说是太平军的俘虏被当作苦力卖给了香港商人，这大约一万名前太平军士兵——其中大多数都是客家人——最终来到秘鲁。1879年南美太平洋战争爆发的时候，他们中的大多数人在伊基克挖鸟粪和开采硝石。这时，距离中国国内包括1867年结束的客家人与广府人之间大规模械斗在内的重要社会事件不过12年。

据传，此前几年在秘鲁因恶劣的工作条件曾发生过劳工反抗这些矿主的起义。对此，容晖有以下记载：“1867年渴望回国的太平军士兵趁秘鲁、智利和玻利维亚三国发生硝石战争而起义，他们推举湖南人翁德容和广东人陈永碌为首领，联合智利军队作战。”②

这些假设的主角——被贩卖的或被当作苦力的太平军士兵实际上在第一次鸦片战争之前都是以开矿为生的客家人，那次战争中他们丢掉了工作而成为洪秀全的追随者。根据有关传说，并按照这个逻辑，合理的解释应该是，在秘鲁矿山干活儿的苦力是为了争取自由而反抗秘鲁的压迫者才与智利侵略者合为一伙的。

这种说法还指出，这些中国矿工在太平天国运动中作为士兵已有作战经验。他们在伊基克、阿里卡、塔克纳、莫克瓜等地的战场上和进犯利马的过程中跟智利军队并肩作战。“这支军队没有西方军队的纪律，但却有着独特的中国特色的纪律，他们配备了许多三角形的旗帜，用螺号代替军号，他们

---

① 容晖：《流落南美洲的太平天国士兵》，《四川统一战线》2010年第12期。

② 同上。

的战士有拿各种武器的，但更多的是使用两把东方式的短刀（太平刀）。”[①]

至今仍在中国各网站和中国学者们中间流传的各种资料还说，中国士兵们可能从智利军方得到过给予他们智利国籍的允诺，作为对他们与智利军队并肩作战并把伊基克并入智利塔拉帕卡省的肯定。这个允诺还有一个条件是，他们必须在将来秘鲁军队进攻伊基克以收复失地的时候保卫好这座城市。

另一位名叫潘沙的专家则质疑这些传说的真实性。他说：“太平军残部威震南美，这则流言在网络上传播了十年之久，甚至还被一些正规出版物引为资料。然而，谎言重复千遍也难成事实，细细究之，就能发现其中荒诞不经之处。……那么，硝石战争之中究竟有没有华人身影呢？有！但既无关太平军，也没有真正投入战斗。”[②]

从传说到历史事实

“太平军传说”没有史料的支持，但与19世纪下半叶成为向拉丁美洲贩卖苦力的生意最为兴盛时期的事实相吻合。其中各参照点正是太平天国运动（1851—1864）和时间叠加在前者之上的客家人与广府人之间的大规模械斗（1854—1867），以及作为大量华工移民秘鲁过程终结的南美太平洋战争（1879—1883）。

太平军的主力是由两广地区即广西和广东两地客家农民和矿工组成的。1864年太平天国运动被正式宣布失败之时，尚有几十万散兵游勇在各地打游击，这些残余势力曾在江西和福建等地无数次与清政府的官军交锋。

P. 理查德·波尔指出，清政府官军对太平军残余势力的清剿行动一直到1866年才结束，那已经是正式宣布其被镇压下去的两年之后。而太平军最后一个营的势力被完全清剿则是在五年之后的1871年8月。这时距南美太平洋战争爆发还有八年。“许多太平军成员在自己家里被官军处死，幸存者纷纷寻求逃亡之路，包括漂洋过海奔赴东南亚、印度、非洲、欧洲、加勒比和南北

---

① 周为民编著《智利概况》，南方出版社，2009年，第308页。

② 潘沙：《太平军残部曾威震南美？不过是一场狂欢式意淫！》，《网易历史》2017年8月12日，https：//c. m.163. com/news/a/CRKHKL9J000187UE. html？ spss=newsapp&spsw=3&spssid=a294fdd68e5931fafacd873bcd86ad35&f=wx&from=timeline&isappinstalled=0&f=wx。

美洲。”①

在这个历史背景下，能够逃离出中国的唯一路径就是被招募去做苦力，随后登上一只驶往海外的轮船。在一部分人主动选择这条逃亡路的时候——不论其出于经济、政治的原因，还是出于社会和族群的原因，另一些人则违背自己的心愿而被迫登上远航的船只。历史上一直有关于奴隶市场的记载和描述，实际上这些奴隶是太平军的战俘，他们被当作苦力卖给了香港商人和外国人。

彼时正是塔拉帕卡及其周边地区硝石矿开发的高峰时期。由于1870年以来国际市场对硝石的强劲需求，那里的矿场增加了许多来自不同国家的劳工。虽然最早一批来到秘鲁的苦力是为满足沿海多家农场的劳动力需求而被招募的，但19世纪70年代已有不少人参加了秘鲁南部鸟粪和硝石的开采。尽管最初几波移民浪潮中抵达秘鲁的客家人在数量上赶不上广府人，但他们在农业和采矿业方面却是行家里手②。

根据北京的《法制晚报》报道，2014年伊基克人口的四分之一有中国血统，这是在智利任何其他地方所没有的。中国已经在伊基克建立了总领事馆。此前，伊基克市已于2008年与中国广西壮族自治区首府南宁市结为友好城市③。

第二节　争斗、冲突和起义

在秘鲁领土上发生过客家人与广府人的对立斗争吗？报纸上的那些报道虽然不大分得清华人移民中各民系之间的区别，但确实记载了早期移民中的一些冲突。在第一批华人移民抵达秘鲁之后六年，“《商报》1855年10月5日刊登的一篇报道说，两伙带着武器的中国人——一伙50多人，另一伙200多

① 波尔·P.理查德：《客家人拯救了中国吗?中国现代转型中的种族、身份和少数民族地位》，《源头》2009年第26卷。

② 许多研究者指出，广府人在秘鲁更趋向城市化并更多接受与城市有关的工作的培训，而客家人则生活在农村并从事与农业有关的工作。

③ 太平天国运动正是在今广西壮族自治区桂平市金田镇爆发。

人——可能发生了对峙，地点在伊卡市瓜达卢佩教堂大门外”[①]。

以古巴的情况作为参照，美国布朗大学的胡其瑜教授介绍说：“古巴当局根本不能区分苦力中的客家人和广府人，因为这种区分对当局来说并不重要，而且对给苦力分配工作也没什么影响。一些古巴学者似乎对如何区分中国南方各民族和民系也模糊不清，他们把‘jacá’（客家人）和‘joló’（河洛人）这些从厦门登船到达古巴的人都当作客家人的同义词一样使用。”[②]

1870年前后，在许多种植园、农场里和沿海地区的鸟岛上，曾发生过一系列苦力暴动[③]，导致骚乱、出逃甚至大量自杀[④]。那么，我们要问，已经移民来到秘鲁的客家人——不管他们是前太平军士兵，还是新移民群体的头目，或是被暴动场面感染而情绪变得狂热的人[⑤]，他们卷入到这一系列暴动中了吗？

一个有代表性的事件——被称为“花脸起义”[⑥]——发生于1870年9月4日。据说1200名到1500名把自己的脸涂成红蓝两色的苦力发动起义，以反抗

① 温贝尔托·罗德里格斯·帕斯托尔搜集的档案。该研究员指出：“苦力中的广府人与客家人之间发生过争斗和群体间的对立。我不明白为什么把他们当中的有些人叫作‘chin chin’。”见温贝尔托·罗德里格斯·帕斯托尔“客家人在秘鲁”小组内的文章，https://www.facebook.com/groups/HakkaPeru/?ref=bookmarks。

② 此外，胡其瑜还认为：“正如已经说明过的，清廷代表团1873年访问古巴之时，因有些华人参加了古巴各地爆发的反抗西班牙殖民统治的起义，代表团有意完全回避广府人与客家人关系这一话题。”见胡其瑜：《从种植园到唐人街：古巴的广东土客移民关系》，“变迁中的客家社会与文化”研讨会论文，梅州，2014年，第88页。

③ “1870年，在曼努埃尔·卡瓦迪里奥的圣方济各农场里，26名苦力控诉农场主焚烧同伴的尸体。作为自我辩护，农场主对代表团解释说确有此事，之所以这样做是为了避免亚洲劳工自杀。中国人认为，人死后烧掉就不能在国内复活了。”见温贝尔托·罗德里格斯·帕斯托尔：《秘鲁华人的地狱——〈中国苦力编年纪事〉引言》，《工作日报》1975年5月27日增版。

④ 据记载，在鸟粪岛上至少有60名苦力从看守者眼皮下逃出来，最后有些人撞礁石自杀。没有死的先是每人挨了几十下的笞刑，随后被带到医生那儿上药。但等笞刑伤口愈合后，他们还是找机会自杀了。

⑤ 温贝尔托·罗德里格斯·帕斯托尔引文如下：“很有可能华工当中有人熟悉军事技术，因为他们当中既有清军的俘虏也有参加过太平天国运动的起义者。”见迭戈·林周：《智利与中国：移民与双边关系（1845—1970）》，迭戈·巴罗斯·阿拉那研究中心，2004年。

⑥ 温贝尔托·罗德里格斯·帕斯托尔：《花脸起义》，秘鲁安第斯研究所，1979年，第116页。

巴兰科和帕蒂维尔卡两地的农场主[①]。当时的报道都特别描述了起义者脸上涂抹的红蓝两种颜色，尽管没有解释其中的含义。其实，当年太平军士兵所穿制服就是这两种颜色——上衣红色，裤子蓝色。另外，他们脑袋后面甩着一条长长的辫子，因此被称为“长毛”。

罗德里格斯·帕斯托尔曾这样描述“花脸起义”：“一时间，中国苦力们想起了附近农场里的同胞，于是便组织了起来。他们还回想起一二十年前自己祖国大地上那场类似的起义。他们即兴制作了起义标志，用旧扫帚蘸上煤油当作火把。他们在自己住的大棚里制作了一面大鼓，很快就凑成了一支包括从国内带过来的唢呐和锣鼓乐队。起义者的头目们骑在马上以示区别，他们斜挎着武器，头戴尖顶帽。有些人找来了涂料，把脸都涂成红蓝两色。这一群起义的中国人都留着一条长辫子并且在额头上系一块布条，手里紧紧地攥着武器。”[②]

另外，还有一个事件经常被引用——南美太平洋战争期间一个营的中国人帮助了智利军队的一个班。这件事是有历史依据的。对于在秘鲁土地上身处半奴隶状态下的中国苦力而言，智利军队无疑就是他们的解放者。根据曾在秘鲁工作过的台湾人迭戈·林周介绍，当智利军队进入秘鲁沿海地区的榨糖厂和棉花种植园并一路解救出大批苦力的时候，被解救的人们难免想起当年的太平军，他们心目中智利军队就是解放者的形象便更加鲜明了[③]。

帕特里西奥·林奇这个人物对于理解被解救者支持智利军队具有关键作用。1880年林奇在秘鲁沿海地区进行讨伐的目的，在于彻底摧毁那些为秘鲁

---

① “1870年9月，帕蒂维尔卡地区华人骚乱。河谷地区几个农场的1500名苦力发起暴动，然后涌向帕蒂维尔卡和巴兰科的村镇。在巴兰科受到当地居民持枪阻拦。几天之后，利马有关当局派来小股士兵追剿已逃散在各地的苦力，最终因为农场主求情——每一名苦力都是花钱买来的而且也正需他们当劳动力使用——而作罢。这次骚乱中400余名苦力死亡，尸体均被葬在帕蒂维尔卡附近。”见温贝尔托·罗德里格斯·帕斯托尔：《秘鲁华人的地狱——〈中国苦力编年纪事〉引言》，《工作日报》1975年5月27日增版。

② 温贝尔托·罗德里格斯·帕斯托尔：《花脸起义》，秘鲁安第斯研究所，1979年，第112页。

③ 迭戈·林周：《智利与中国：移民与双边关系（1845—1970）》，迭戈·巴罗斯·阿拉那研究中心，2004年。

政府提供资金支持的甘蔗种植园和榨糖厂[①]。这位智利将军采用的策略不仅包括一路解放苦力，而且还允许被解救的苦力参加他的队伍[②]，从而使智利军队与中国人建立起一种牢固的关系。林奇将军因此在中国人当中赢得了“红色王子”[③]的美誉。苦力们对林奇这种看似唐突的好感与信任源自他们当年在中国南方的经历[④]。

还有其他一些消息，例如《水星报》记者在利马战役期间曾经报道，1881年1月11日在卢林圣佩德罗教堂里，658名中国佃农在以关公为首的三位神祇塑像前举行歃血为盟的仪式，这伙中国人的首领是伊卡的中国商人钦丁·钦塔纳[⑤]。

这篇报道中提到了客家人的一些民间习俗——尽管不是客家人所独有的，却是客家人常常实践的，例如对代表忠勇和正义的关公的崇拜。智利军队里这些新加入的中国士兵执行的任务包括“参加布尔卡诺兵团清理地雷和鱼雷的行动”[⑥]。这个兵团由绰号为“爆破将军”的阿尔图罗·维立亚罗艾尔率领。

① “1880年9月12日和13日：被时人称为‘帕特里西奥·林奇远征军’的智利军队捣毁了农场主狄奥尼西奥·德尔特阿诺在钦博特附近的帕罗塞克、普恩特和林孔纳达等三个农场。此前，这支部队的野蛮行径已经给秘鲁北部皮乌拉、兰巴耶克和特鲁希略等地造成了极大的灾难。他们在钦博特地区进行摧毁行动之后，继续奔向南方地区的新的目标——劳斯家族的圣尼古拉斯农场。”见温贝尔托·罗德里格斯·帕斯托尔：《秘鲁华人的地狱——〈中国苦力编年纪事〉引言》，《工作日报》1975年5月27日增版。

② 好几位智利历史学家如迭戈·巴罗斯·阿拉那都说：“上千名苦力加入了向卢林挺进的智利部队。”

③ 林奇将军之所以得到“红色王子”的绰号，可能是他在关羽塑像前冲这位在中国传统文化中代表武神的红脸人物得意地挤过眼。

④ 帕特里西奥·林奇作为英国海军的成员曾于1841年至1842年期间参加过第一次鸦片战争。他了解中国东部沿海和华南地区，他在这些地方跟广东人群体及其文化有过接触。

⑤ “1881年1月：1500名中国人作为辅助人员加入到智利军队。钦塔纳命令这群渴望自由的人跪在一尊高大厚重的塑像面前宣誓忠诚。宣誓仪式上，他们杀死一只公鸡并且喝了鸡血。然后，他们毫不动摇而且满腔热情地加入马上开始的战斗——圣胡安-米拉弗洛雷斯战役——中去。”见温贝尔托·罗德里格斯·帕斯托尔：《秘鲁华人的地狱——〈中国苦力编年纪事〉引言》，《工作日报》1975年5月27日增版。

⑥ 这是一项可能向有矿工经验的客家人或者前太平军士兵推荐的工作。

智利军队占领利马期间有一个事件[①]迄今仍未被史学家们完全弄清楚。不过，根据客家人与广府人之间的历史性冲突大概可以找到一个解释。人们一直都在说，1881年智利军队在“南方的中国人”的帮助下攻入秘鲁首都利马，然后攻击了拉贡塞珀西翁市场里中国人商店的主人并大肆抢劫[②]。另一些假说认为，发起这些攻击的不是智利军中的中国人，而是秘鲁士兵甚至是利马的市民[③]，但也不能排除客家士兵参与了攻击的可能性。

帕斯·索尔丹指出，陪伴智利军队的苦力应该对发生在利马的抢掠负责，因为在南方当苦力的移民与在首都从事商业的移民之间历来存在争斗并互为对手。“这些从秘鲁南方来的人了解利马的同胞们一般都把钱财存放在什么地方，也知道店铺的仓库在哪里。他们进了城就直接去抢掠自己的老乡们。”[④]

大概南美太平洋战争爆发之前十年，一批从美国加利福尼亚来的中国商人在利马的这个区定居[⑤]。跟贫穷又无人身自由的苦力相比，这批“加利福尼亚华人”[⑥]都是自由之身，他们在这里创立了自己的生意。他们的生意给利马这片华人为主的地区带来了生机。他们主要从事中国加工产品和中餐馆需要

---

① “1881年1月7日，秘鲁军民遭受圣胡安–米拉弗洛雷斯战役惨痛失败之后，智利军队开进利马。此前几天以来，利马城里陷入一种日益严重的混乱与无政府状态。1月15日，发生了抢劫和点燃华人商店和仓库的事件，以致有300多名亚洲人丧生。这场骚乱（与1871年的巴黎公社起义相参照，利马城里的贫民当时被称为‘公社社员’）的起因据说是‘有中国人帮助智利军队’。”见温贝尔托·罗德里格斯·帕斯托尔：《秘鲁华人的地狱——〈中国苦力编年纪事〉引言》，《工作日报》1975年5月27日增版。

② 费尔南多·德特拉塞尼：《沙国之梦：从法学角度对19世纪秘鲁华人移民的几点思考》，秘鲁天主教大学出版基金会，1994年，第603页。

③ 根据塞加尔的看法，中国商人成了民众发泄仇恨的最直接目标，对华商的仇恨甚至超过了对上层贵族们的仇恨。详见马尔塞罗·塞加尔：《智利的奴隶制和苦力交易》，《智利大学学报》1967年第75卷。

④ 马利阿诺·F. 帕斯·索尔丹：《话说智利对秘鲁与玻利维亚之战》，米利亚·巴特雷斯出版社，1979年，第88页。

⑤ 罗德里格斯·帕斯托尔引述道：“1879年前后，有几位华商经营着自己的大生意，如Wing Suin y Cía、Gaón Chay Junylá、Wing On Chong等公司或商号。这些公司和商号都集中在利马城内已颇具规模的唐人街上。”见埃克托尔·洛佩斯·马丁内斯：《利马与中国人（一）》，《商报》1979年3月28日。

⑥ 许多“加利福尼亚华人”从美国移民到秘鲁和其他国家的原因是，当时美国国内的经济危机以及1870年开始的排华运动。另一个非直接的原因是，1882年生效的包括限制中国人入境、建立各城市接受华人移民份额制和禁止华人妇女定居等内容在内的排华法案。

的调料及食品原料的进口[①]。

这批“加利福尼亚中国人”里的很大一部分都出生在广东特别是台山，然后在移民潮中到了美国[②]。“18世纪中叶，那里的许多人移民到东南亚，而后于19世纪初期以至1881年至1890年期间又从东南亚移民到美洲，只有很少人去了欧洲。”[③]

根据官方人口普查，台山市海外侨民人数变化情况如下：

表 2–1 台山市海外侨民人数变化

人数 地区 年份	东南亚	美洲
1870	4200	800
1900	40000	120000

资料来源：黄一森提供表格内信息[④]。

鸦片战争之后，清政府客观上为海外移民开放了各地港口。“尤其在1876年，客家人与广府人之间的大规模械斗之后，台山的居民成批地向海外移民，去寻求更多更好的机会。他们都听说在外国生意很好做，有抱负有出息的人都应该到国外去。”[⑤]

19世纪，“四邑”是除广府人和其他广东人之外客家人移民人数日益增加的地区，而台山即是“四邑”之一。主要爆发在珠江三角洲地区的客家人与广府人之间的大规模械斗之后，台山被当局划出赤溪厅作为客家人的专属居住地，而台山的其他地方则由广府人和其他少数族群混居。

拉贡塞珀西翁市场店铺的主人多为“加利福尼亚华人”，他们大多是台

---

① 其中之一是La Casa Win On Chong，它向秘鲁风味中餐馆供应特殊的烹饪佐料。

② 台山人移民的历史长达200余年。根据1953年的人口普查，至少888832名台山人居住在美洲大陆的13个国家——美国、加拿大、墨西哥、秘鲁、特立尼达和多巴哥、巴拿马、巴西、智利、哥伦比亚、乌拉圭、阿根廷、牙买加、委内瑞拉。这些旅居美洲的台山人占海外台山侨民的55.84%。根据1984年5月公布的数字，全世界台山侨民的总数达1135000人，他们分布在五大洲的75个国家和地区。其中在美洲的人数达610000人，占总人数的55.33%。详见台山县地方志编纂委员会编《台山县志》，广东人民出版社，1998年，第116页。

③ 台山县地方志编纂委员会编《台山县志》，广东人民出版社，1998年，第116页。

④ 同上。

⑤ 同上。

山人或者说是广府人。对该市场的攻击很可能是加入了智利军队的客家人或者在利马做小生意的客家人的一次复仇行动[①]。鉴于“南方的中国人”参加林奇将军的军队这一事实，断言是智利军队发动了对利马中国商人的攻击是说不通的。何况，对智利军队而言，“加利福尼亚华人”并不是现实的威胁和敌人[②]。

第三节　从秘鲁人到智利人：智利北部的客家人社区迈出的第一步

从历史上看，智利的华人移民中的大多数不是经海路而是经陆路到达那里的。跟古巴和秘鲁的情况不同，至今没有关于19世纪直接来自中国的大规模向智利移民的记录，尽管能够找到个别的例证。迭戈·林周写道：“大概1850年，维库尼亚·麦肯纳回忆起他曾看到过10名中国人在基约塔工作，另外有五十几人在北部矿区工作。”[③]这是一例少见的甚至很偶然的劳务雇佣。当年智利是不允许贩卖苦力的。

南美太平洋战争导致了中国人的移民目的地从秘鲁变为智利。将近1100名华人移民变成了智利这个国家的成员，他们主要是从划归给智利的秘鲁领土上成为智利的华人移民的[④]。根据罗德里格斯·帕斯托尔的调查，在1850年至1851年期间，“伊基克港出现了第一批被雇用的中国人。若干年之后，这些人主要从事开采硝石的工作”[⑤]。智利的第一个中国人社区是由曾经在秘鲁南部硝石矿、鸟粪场和沿海农场当劳工并在后来取得了自由身份的华人移民

---

① 必须指出，客家人与广府人之间的争斗——前者无疑是其最大输家——曾转移到马来西亚、中国台湾和其他国家与地区的主要华人社团中。

② 根据豪尔赫·巴萨德雷的调查，“作为林奇将军远征的战利品，400多名苦力获得了人身自由。仅从一家农庄的榨糖厂就解救出200多名苦力，然后将其所有设施摧毁殆尽”。

③ 迭戈·林周：《智利与中国：移民与双边关系（1845—1970）》，迭戈·巴罗斯·阿拉那研究中心，2004年。

④ 林周《中国与智利双边关系的过去与未来》，《不定期论文：当代亚洲研究重印系列》1995年第1期。

⑤ 温贝尔托·罗德里格斯·帕斯托尔：《秘鲁华人的地狱——〈中国苦力编年纪事〉引言》，《工作日报》1975年5月27日增版。

组成的。

与前述所有情况一样，在智利，大家对这个华人社区人们的民系成分也不会加以区分，他们把这批当年的苦力都当作中国人或者广东人。但是有意思的是，当时在智利有两部分不同的中国人：一部分是早已在伊基克鸟粪场挖鸟粪或者塔拉帕卡地区的硝石矿上采矿的中国人；另一部分人数可观，他们是来自秘鲁沿海地区各农场被林奇所率部队从半奴隶状态中解救出来的中国人，他们是在战争结束之后迁移到智利的[①]。

这就是智利华人社区最初形成阶段的情况。后来，由于开采硝石及硝石工业的逐渐兴盛，这个华人社区也随之发展壮大。1875年，智利仅有122名中国人的登记记录，但10年之后华人社区已有1164名中国人。在托科皮亚，他们从事着修筑硝石矿区铁路中最繁重、最危险且具有冒死性质的工作，比如搬运、挖沟和安放炸药。到20世纪初，和伊基克地区一样，智利北部其他地区中国人的存在对该地区的发展已至关重要[②]。

塔拉帕卡地区的情况就是如此。1850年，中国人开始出现在钦查地区诸岛屿上的鸟粪场。后来，由于智利的侵占，自1880年起，伊基克港口和硝石矿场上也出现了大量的中国人。根据智利学者的调查，“可以设想，数百名中国人以自由之身自愿赶到那里，当然不排除这数百名里面有个别人是来自秘鲁其他地方的苦力，他们为寻求新的工作机会而逃亡至此”[③]。在这里，强征劳工几乎是不可能的。

智利学者认为，塔拉帕卡的情况与秘鲁的情况最大的区别在于，前者实行的是自由雇佣制度并支付很有竞争力的现金报酬，没有和秘鲁一样拿人身自由作为抵押在法律上与雇主绑定的关系。此外，在塔拉帕卡，中国人除了作为劳动力被雇用，他们还从事第三产业或者说服务业的工作。根据1895年的人口普查，那一年塔拉帕卡的商人和其他少数人从事的职业雇员的人数都有所增加。

---

① 关于华人移民签订附有工作期限的专门合同的情况仅仅有零星的记载。

② 达米尔·喀拉兹-曼达科维奇·费尔南德斯：《移民与生物政治学——托科皮亚20世纪的两个舞台》，双关语出版社，2013年。

③ 马尔克斯·卡列：《龙的子孙：1860—1940年间塔拉帕卡地区华人移民及其社会经济的融入》，《社会科学杂志》2014年第32卷。

夫妻因素

就智利塔拉帕卡地区的情况而言，十分明显的是，因夫妻因素而移民的中国人很少。（或是因为缺少机会？）1895年的人口普查表明，塔拉帕卡的473名男性中，450人单身，4人鳏居，仅有19人已婚。在1885年至1910年期间，在84名15岁到34岁的男人中，仅有29人已婚。82%的男人年龄在35岁至80岁之间。卡列认为，这个比例可以说明除了文化差异的原因之外为什么结婚的人那么少，尽管他认为所有这些理由仍不足以说明问题[①]。

这些数字值得人们考虑几个问题。正如卡列所提到的，“婚姻一旦被视为社会地位上升的手段之一，那么我们就可以通过它来观察华人移民融入到对方社会例如智利社会之中的真实规模”。说到这里，我们应该想到的是，对于19世纪的中国人来说，婚姻是被视为有利于双方家庭的一个契约，而与情感的关系不大。

另外很重要的一个考虑是，正如上述人口普查数据表明的，大量35岁至80岁的中国男性移民出来，很可能他们在国内已有家室或者临出国之时刚刚完婚。这样做有若干原因，其中之一是把妻子留在国内照顾老人或通过他们的男性后代延续家族的香火。移民到海外的中国人首先需要考虑的是他们的家庭和家族，无论其婚姻状况如何，他们对兴盛家庭和家族负有义务甚至这成为他们移民海外的动机。

但是，在中国结婚并不妨碍在海外再婚，因为在中国国内的婚姻不过是延续家族血脉的一个环节，而在海外的婚姻则是与所选择的女方所属的社会的关联纽带。在这两种婚姻中，所实现的都是婚姻的实用功能。秘鲁的情况表明，那些获得自由之身的华人移民大多数都跟当地女人结了婚。在广府人移民当中也发生过这种情况。

塔拉帕卡发生的这种情况从当地愿意嫁给中国人的女人（及其家庭）或者没有正式登记的事实婚姻均数量稀少这一事实得到解释。但是，没正式登记的婚姻数量稀少也可能跟客家人的婚姻传统有关。跟广府人不同，客家男

① 马尔克斯·卡列：《龙的子孙：1860—1940年间塔拉帕卡地区华人移民及其社会经济的融入》，《社会科学杂志》2014年第32卷。

人很少与家族之外的女人通婚并且形成了传统，似乎在迁徙移民过程中仍然继续着这种传统[①]。

家族内部通婚的倾向与做法通过互有不同远近和疏密关系的客家家庭之间通婚的方式保证了家族的团结。即使存在着出于实用目的与移民所在国当地人结婚的个案，客家男人也会选择同一家族或同一村庄并讲同一种方言保留同样习俗的客家女人做妻子，或者像个别情况一样，娶一个客家家庭中在国外出生的女儿为妻。客家人所有婚姻的先决条件是男子的经济能力，时机一到就可以说媒求婚或在家人的帮助下回国完婚。

客家人的这种婚姻模式在很大程度上与在秘鲁的日本人特别是冲绳人移民的婚姻模式相同[②]。20世纪上半叶，他们的普遍做法是通过媒人或家人提供的照片认识对方，也就是所谓“写真结婚”（Shashin Kekkon）。如果男方同意，媒人就会把通常是来自家乡或讲同一种方言的新娘带到秘鲁来[③]。这样通过照片和家人介绍的方式来相亲成婚的做法在客家人当中曾经很流行。

塔拉帕卡地区最早是以鸟粪生意开始发展起来的，后来是硝石工业使它进一步发展，最后成为人们心目中的希望之地。该地区人口普查的数据可以描绘出一幅由秘鲁进入智利从事那个年代最为艰苦工作的客家移民群体的画像。同时，人们从中也可以了解到客家人拒绝跟包括智利和秘鲁在内的当地妇女结婚甚至再婚的情况。遗憾的是，在前述所有婚姻情形中，人口普查没有提供有关人口的民族或民系方面的信息，否则这种内部通婚现象可以看得更清晰。

① 汉族的多妻制在客家人口中十分罕见，客家人流行家族或民系内部通婚。

② 若干研究人员指出，客家人和冲绳人在文化方面存在相似性，而这种相似性可能源自唐代，那时许多日本人到中国游学并学习中国文化。

③ 以家族内部通婚的夫妻为例，日本人社区给外人的感觉是内部更为团结，但却不像华人社区那样更深入地融入秘鲁社会当中，至少在其移民初期的几个阶段。

第三章　显形：从自外到融合——19世纪末至20世纪初秘鲁客家人社区的诞生

1886年成立的中华通惠总局[①]在凝聚中国人团体和保护南美太平洋战争结束之后中国人合法权益方面发挥了决定性作用。总局是在秘鲁华人企业界领袖们——其中包括谢宝山——极力推动下，由当时的清朝政府通过其任命的驻秘鲁大使郑藻如正式宣布成立的。

当年，华人社区内部至少有两个团体在争夺总局的领导权，而这两个团体里都有许多客家人。虽然两个团体追求的目标相同，但最后“天主教派”——其中包括谢宝山——击败了对方。对方团体的许多成员也参加了秘密帮会，也是客家方言团体的成员。正如洛桑·埃雷拉指出的，这后一个团体在不久之后也就销声匿迹了[②]。

---

① 中华通惠总局（Sociedad Central de Beneficencia China）成立于1884年清廷特派中山籍郑藻如大使访问秘鲁之际，详见该总局网页http：//www. scbcperu. com/es/quinessomos/。而据秘鲁中华通惠总局编《华人抵达秘鲁150周年纪念特刊》，其成立于1881年，三年之后，即1884年启动会址建设，又二年之后投入使用。据总局1883年时任主席古德基签署的一个致秘鲁内务部部长的文件以及其继任人黄帆济1885年的回忆，中华通惠总局的成立日期是1881年10月16日。

② 作者指的是成立于1881年9月的会址在利马的中华通惠总局。详见伊莎贝尔·洛桑·埃雷拉：《马埃斯特罗神父公墓华人墓碑的启示》，载伊莎贝列·加马拉·戈伊苏埃塔编《拉丁美洲第一座纪念碑式公墓——马埃斯特罗神父公墓200周年》，米克斯马德出版公司，2008年，第92—93页。

南美太平洋战争结束后，秘鲁社会没有任何变化，只是一味地指责华人移民“当了叛徒”，甚至在智利军队侵占利马过程中遭受重大损失的“加利福尼亚华人”——他们大多在唐人街经营店铺——也遭到无端指责。在华人企业家团体的推动下，在中国政府首任驻秘鲁大使的支持下，以及教会和秘鲁政府等有关方面的积极努力下，中华通惠总局承担起保护侨民和在秘鲁社会树立中国人新形象的职责。

“光绪十年（1884年），清朝政府派出光禄卿郑藻如（香山人）出使美国、西班牙、秘鲁三国。郑藻如于当年6月抵达秘鲁，刚到秘鲁，郑藻如就了解到华人至秘鲁已近40年，分散在秘鲁各地，有六七万人。郑藻如认为如果不及时把各地华人联络起来，就无法保护华人的权益，也无法兴办各种善事。”①

中华通惠总局的会刊详细介绍了该组织的章程。该组织就像秘鲁各地华人团体头顶上方的一把保护伞，同时也是中国精英企业家参与华人团体领导的保障。当年中国政府通过其大使为该组织的成立和发展打下了基础。中华通惠总局“由郑藻如通过外交途径获得秘鲁政府批准成立，并议定总局章程，在各富商中公选出总理和协理，轮流主持局中事务”②。

凝聚秘鲁客家人的组织是“同陞会馆”③。该会馆是中华通惠总局下属的一个组织。客家人企业家奥雷里奥·谢宝山曾任中华通惠总局主席，他不仅在华人团体中具有影响力，而且在秘鲁社会中也很著名。但有很重要的一点必须说明，他从未利用总局职务之便突出自己（包括其客家人身份）和自己加入其中的客家团体（客家会馆），而总是把企业精神放在第一位，即使在更私密的场合也总是表现出一个天主教徒的虔诚。

当时，作为唯一的共同阵线并面对这个开始把中国人——所有人，没有贫富之分——视为“敌人”的国家，在年富力强的客家人谢宝山的领导下，总局内部并没有产生重大分歧。在他的日程中，保持总局的团结和加强华人企业界

---

① 秘鲁中华通惠总局：《总局简介》，http://www.scbcperu.com/cn/zongjujianjie/。

② 同上。

③ 同陞会馆原西班牙文名称为Sociedad Tung Sing，现西班牙文正式名称是Sociedad de Beneficencia China del Departamento de Yaka Tong Shing。

与秘鲁社会的联系总是最重要的事情。这就显示出他对秘鲁国家的贡献[1]。这是客家人在秘鲁显形的阶段，尽管只是个人而不是群体层面上的显形。

第一节　秘鲁多所客家会馆的成立和客家宗祠

19世纪末至20世纪初在秘鲁出现了成立一个更加统合的华人社团的契机。在利马成立的中华通惠总局及时发挥了它对秘鲁各地华人社团的统合作用。这些社团成立的动因各不相同，有的是凝聚同村乡亲（移民来源地）或讲同一种方言的人，有的是汇聚同一家族或姓氏的成员（民族或民系），有的是联络同一职业或商业活动的同仁，还有的是寻求同一信仰或政治观点的人。尽管这些团体之间存在很多差异，但面对第三股势力的威胁，其统合团结就显得十分迫切。

华人社区齐心防御第三股势力威胁的突出就是成立会馆[2]——根据客家人的观念，一种以保持并加强宗亲关系为首要目的的组织。构成“宗亲”这个词的两个汉字在中国文化里代表着两个极其重要的观念：一是祖宗或祖先，二是父母或家庭。

荷兰籍客家人后裔学者保尔·特洪·谢·法特认为，会馆的首要任务是在移民社团内开展“互助”[3]。法特还引用塞拉（Serrie）对于互助作出的定义：“为生存而成立的契约组织。”[4]中华通惠总局的会刊也证实了这一点——会刊说“用于互助和资源共享”[5]。因此，客家会馆的互助几乎包括了

---

① 无论是华人社区的纪念特刊还是中华通惠总局的官方网页，都记载了作为华人融入秘鲁社会重要标志的由总局开展的各种捐赠活动（利马博览会公园内的喷泉、圣马丁广场上的大理石纪念碑及钢制纪念碑、利马武器广场上三个关于秘鲁历史的纪念碑的建造均由总局发起捐赠）。这些捐赠活动把华人推到了秘鲁社会中一个更重要的地位并迅速增进了中秘两国之间的关系。

② 会馆，又名同乡会。

③ 保尔·特洪·谢·法特：《苏里南的华人新移民：民族表演的必然性》，阿姆斯特丹大学出版社，2009年，第284页。

④ 同上。

⑤ 秘鲁中华通惠总局编《华人抵达秘鲁150周年纪念特刊》，秘鲁中华通惠总局，2002年，第40页。

生活的所有方面，从住房、就业和社会救助到接待新来的客家移民[①]，特洪介绍道。

会馆常见的任务包括照顾没有社会保险的病人、穷人和鳏寡老人，提供华侨的丧葬服务，调停会馆成员之间的纷争，协助不同方言团体之间的联系，登记婚姻，修建中文学校，组织传统节日和宗教节日的庆祝活动等等[②]。当然，会馆的观念和职能也在不断更新[③]。

会馆还承担着保护其成员的义务。“在许多情况下，宗亲组织在海外社会还发挥着权威机构的作用。”[④]当然，它们自然是华人移民与自己家乡联系的纽带。它们是海外移民们的生活中心，这个中心虽然不一定在物理空间中存在，但是它保持着一条与家乡祖屋息息相通的精神纽带，一条连接着家族内所有海外成员并为他们与祖国联系提供方便的纽带[⑤]。

“秘鲁沿海地区城乡各地的会馆是在各地契约劳工的合同期满后取得自由身份的时候纷纷出现的。这些劳工受尽了各种苦难，为在秘鲁社会寻求一个新的位置，他们从社会最底层向上奋斗。他们已经能够按照自己的意愿，根据自己的兴趣和能力自由地寻找工作。然而，在离开农场之后，他们发现外面的世界十分陌生。他们没有靠山，有时连住的地方都找不到，面对的是一大堆新问题。”[⑥]

秘鲁历史最悠久的两个会馆成立的时间只相差一年，而且它们分别代表当年广东客家人与广府人之间械斗的对立双方。1868年，同陞会馆在利马成立，它的成员都是客家人。之前一年的1867年，成员都是所谓广府人的古冈州会馆[⑦] 成立。这一年，中国国内持续了13年遍及两广地区的土客对立宣告

---

① 保尔·特洪·谢·法特：《苏里南的华人新移民：民族表演的必然性》，阿姆斯特丹大学出版社，2009年，第284页。

② 唐人街学：《会馆》，http：//www. chinatownology. com/clan_associations. html。

③ 过去会馆名字里都用agencia这个词，可以翻译为“公司”。现在通常叫作（由海外华人组成的）企业家协会或企业家商会。

④ 唐人街学：《会馆》，http：//www. chinatownology. com/clan_associations. html。

⑤ 保尔·特洪·谢·法特：《苏里南的华人新移民：民族表演的必然性》，阿姆斯特丹大学出版社，2009年，第284页。

⑥ 秘鲁中华通惠总局编《华人抵达秘鲁150周年纪念特刊》，秘鲁中华通惠总局，2002年，第40页。

⑦ 秘鲁古冈州会馆（Sociedad Cau Con Chau），现西班牙文名称为Sociedad Civil Cu Con Chau。

结束。

中华通惠总局的纪念特刊介绍说，古冈州会馆成立于1867年，即第一代华工抵秘18年之后。这批华工来自广东省的新会、开平、恩平、台山和鹤山等地。该会馆之所以用“古冈州”三字命名，是因为上述五个地方在古代统称“冈州”[①]。

古冈州会馆集合了来自广东“五邑”地区的广府人移民及其后裔。所谓五邑指的是四邑[②]外加鹤山县。正是在这个地区当年爆发了不同民系之间的冲突。秘鲁从华工移民抵达初年即存在这样两个分别代表广府人和客家人的会馆，是一件极具意义的事情，从而证实了客家人移民秘鲁的历史事实及其重要性，尽管客家人在人数上不及广府人众多。

根据洛桑·埃雷拉的考证，这个客家会馆和那个广府人的会馆是当年“秘鲁华人最强有力的代表”。这位学者认为，在那个年代，秘鲁客家人以其团结友爱和巨大声名赢得很高的社会地位，以至于成为华人与秘鲁地方当局交往中必不可缺的对话者。其中许多人在沿海农场华工骚乱爆发之后在与农场主的谈判中充当翻译[③]，这一情况包括这些人的名字在当年的档案中都有记载[④]。

同陞会馆提供的材料表明，该会馆在利马置地建馆是出于客家人口大量增加的需要。“1889年，利马客籍人有意购地设会馆，直至1891年筹足2万元，购得湾打街174号大屋一座，同陞会馆于是正式成立，以团结同胞、推展福利事业为宗旨。”[⑤]

当年，同陞会馆第一层用于临时安置刚刚抵达秘鲁的老乡和中山来的客家人。之所以包括中山是因为：一是中山境内的五桂山地区有许多客家人，

---

① 秘鲁中华通惠总局编《华人抵达秘鲁150周年纪念特刊》，秘鲁中华通惠总局，2002年，第40页。

② “四邑”包括新会、台山、开平、恩平。

③ 根据有关学者的意见，“水上客家人”以擅长翻译闻名，因其多与华南各地不同方言人口进行贸易。详见黄韧：《神境中的过客：从曹主信仰象征的变迁看岭南客家文化的形成与传承》，中国社会科学出版社，2015年。

④ 伊莎贝尔·洛桑·埃雷拉：《秘鲁的中国会馆与庙宇》，秘鲁国会出版基金会，2000年，第127页。

⑤ 秘鲁中华通惠总局：《秘鲁同陞会馆》，http：//www.scbcperu.com/cn/shuxiahuiguan/36.html。

二是该会馆理事之一谢宝山出生在中山。

根据洛桑·埃雷拉的研究，同陞会馆和中山会馆[①]一直保持着良好的关系。“同时作为两个会馆成员的客家人经常在中山会馆聚会。他们同时具有两个会馆的会籍的原因是：中山会馆的成员跟他们讲同一方言并有相同的传统习俗，另外他们的出生地位于中山境内。中山会馆迟至1924年才成立，其现馆址自1962年开始使用。中山一直被认为是广东省三大民系共同居住的地方。”

2019年会馆建成将满130周年，同陞会馆现任会长黄华安先生介绍道：“秘鲁客家人的历史十分悠久。我们的会馆是为客家老乡成立的。我们的会址在秘鲁被确定为‘百年老宅’。”[②]

同陞会馆一直铭记其初期的领导人：魏长、李仕荣、黄国玉、钟奕勤、古益受、庄兆廷、温德麟、谢连。“同陞会馆曾有一段时间超过二千人，老前辈如谢宝山、杨景云、邬康宁、张志仁、邓坤祺等，予会馆以策励支持。”[③]上述会馆历届领导人都是像谢宝山一样的中国企业界精英。

自那时起，使客家人感到荣光的馆训是“同声同气”。“同陞会馆是为客家人成立的，大家都讲客家话。”[④]会馆刊物这样介绍道。语言[⑤]是一个人找到归属感和文化身份的关键因素。因此，会不会讲客家话是能不能加入会馆的首要条件之一。目前，仍有许多新的客家人移民来到秘鲁，当然，现在的移民条件与当年是不可同日而语的。

同陞会馆在利马兴建会址之前，在卡亚俄[⑥]已经有同义会馆[⑦]为刚刚抵达

---

① 秘鲁中山会馆（Sociedad Zhongshan），现西班牙文全称是Sociedad Chung San Huy Cun。

② 同陞会馆现任会长黄华安的采访记。

③ 秘鲁中华通惠总局：《秘鲁同陞会馆》，http：//www. scbcperu. com/cn/shuxiahuiguan/36. html。

④ 秘鲁中华通惠总局编《华人抵达秘鲁150周年纪念特刊》，秘鲁中华通惠总局，2002年，第40页。

⑤ 客家话以其居民居住地的不同而互有区别。秘鲁客家人主要讲的是广东客家话。广东客家话中又有中山客家话、鹤山客家话、赤溪客家话等之分。早期客家移民讲的是福建客家话（连城口音）、广西客家话（贺州口音）和江西客家话（上犹口音），蒂诺·古斯曼·甘和约瑟夫·克鲁兹详细介绍道。

⑥ 同陞会馆自2008年起在卡亚俄登记。

⑦ 同义会馆，现名介休中华会馆（Sociedad China del Callao）。在当地也称“Sociedad China Tong Shung”或“Templo Tung Yi Tang”“Tung Yi Tung”（同义堂）。介休，西班牙文Callao，现通译为卡亚俄。

港口的客家移民提供帮助，黄华安先生介绍说。“秘鲁的第一个会馆成立于卡亚俄。这个会馆汇聚了在‘卖猪仔’过程中来到秘鲁的所有客家籍劳工。这些苦力都被送到海岛上去挖鸟粪或者送去山区修建铁路。他们的生活都异常艰苦，港口上的人都知道这段历史。”①

关于卡亚俄的这个会馆，古斯曼·甘描述得更清楚：“卡亚俄市区利马街第七段当年叫作小柳树，第八段叫作阿雷基帕草原。那儿有一座两层楼房的土坯宅院。1860年，人们把院子改建成了秘鲁第一座中国寺庙同义堂。后来同义堂归属利马的同陞会馆，也就是从广东中山与鹤山来的客家籍移民的会馆。”②

同义堂的成员都是讲客家话的中国人。有一段不长的时间，它也允许讲中山龙头方言的乡亲参加。同义堂曾经拥有秘鲁唯一全部用青铜铸造的祭坛。这座祭坛是19世纪末从澳门直接海运到卡亚俄港的。可惜的是，这座青铜祭坛后来被临时住在这里的不务正业的人零敲碎打地拆掉论斤卖掉了。那时候，正巧保安去世没人看守；而且，1971年到1985年那段时间有大批华人移民从卡亚俄港下船，会馆里人来人往比较杂乱③，黄华安先生回忆道。

除了在卡亚俄，同陞会馆在秘鲁各地比如帕蒂维尔卡④、奇克拉约、兰巴耶克、卡斯马，甚至伊基托斯都有分会，黄先生补充道。“很多来自广东台山（赤溪）的客家人到秘鲁后就直接去了伊基托斯，而从中山来的客家人就留在卡亚俄和利马。他们来秘鲁的主要目的就是‘挣饭吃’⑤。先来的努力打工，挣了钱，立住脚，再把亲人接过来，这样一个带一个，最后全家都来了。”黄华安先生介绍说。

一旦立住脚，客家人就开始编织遍及沿海港口城市和内地村庄的全国联络网，以便开展生意和处理家庭事务。黄华安先生介绍说：“会馆的功能不断

---

① 秘鲁中华通惠总局编《华人抵达秘鲁150周年纪念特刊》，秘鲁中华通惠总局，2002年，第19页。

② 何塞·路易斯·南、蒂诺·古斯曼·甘：《卡亚俄：秘鲁的入境口岸和人口熔炉》，丰盛国际贸易责任有限公司，2012年。

③ 蒂诺·古斯曼·甘“客家人在秘鲁”小组内的文章，https：//www. facebook. com/groups/HakkaPeru/?ref=bookmarks。

④ 曾爆发著名的花脸起义的地方。

⑤ 根据黄华安会长介绍，现今客家人在不同的行业工作，其中主要的是服务业，如旅馆和餐饮业。此外，还有木材、矿产和冶金工业等。

扩大，为的是让刚刚抵达秘鲁的客家老乡有地方吃住。”如此一来，会馆不仅是新来乍到的客家人临时歇脚的地方，而且也是他们日后发展的中转站。

同陞会馆会议厅

另外一件在客家移民中引起很大反响并常常被提起的事情是1881年2月发生在卡涅特河谷地区的千余名苦力被屠杀案[①]。这个事件导致客家人及其他民系的中国人纷纷寻求会馆这把保护伞的庇护。在华侨华人社区都流传着许多跟黄华安先生讲述的以下事件相同的故事：“五年前，人们在卡涅特地区发现了一个乱坟岗，里面都是一副副无法辨认主人的枯骨。人们说，那都是当年被当作苦力贩卖过来的种植园劳工的遗骨。也有人说，那是当年在种植园里反抗黑奴欺压而丧命的华工骨骸。”

寺庙

秘鲁华人移民的宗亲组织与供奉一位主要神祇但有时也供奉几个次要神祇的寺庙有着密切关系。“宗亲组织正式成立的日期或者供奉神祇的寺庙正式落成日期在这一家族的历史上具有里程碑意义。因为这个正式日期反映了该宗亲组织的经济实力的水平及他们家族的兴旺程度。”[②]当年同陞会馆内道观建设之时就有这些考虑。该道观是南美洲规模最大、历史最悠久的道教活动场所。

---

① 参见温贝尔托·罗德里格斯·帕斯托尔：《秘鲁华人的地狱——〈中国苦力编年纪事〉引言》，《工作日报》1975年5月27日增版。

② 唐人街学：《会馆》，http：//www. chinatownology. com/clan_associations. html。

位于同陞会馆屋顶平台上的客家人寺庙的正面

客家人寺庙内的祭坛

客家人的这处道教庙堂供奉有道教、佛教和中国民间宗教主要神祇，他们是关公、北帝、观音和财神，此外还有孔子像。所有这些构成了客家人精神家园的主要内容。

表 3-1 客家人供奉的主要神祇

称号（普通话）	别称	绰号	简述
关公	关羽 在道教中被称为关圣帝君 在民间宗教中被称为关帝、关公 在秘鲁被称为圣阿公	红脸将军 武神 (西班牙文Emperador Guan、Duque Guan、Santo Emperador Monarca Guan）	在道教、佛教和民间宗教中都有信众。 在广东，各民族各民系的商人均奉其为神明，对其顶礼膜拜。 在海外，移民各国的华人尊之为保护神。 “关羽是忠义的化身。其忠义程度远远超出亲属之间的血缘亲情，故成为一些武术团体和帮会等组织最为钟爱的神祇。”[①] 被公认为商铺、宅邸的保护神和公平正义的象征。
北帝	黑帝 黑神 颛顼 玄武 玄天上帝 真武 北极镇天真武玄天上帝	黑脸天神 北方之神 黑脸将军 （西班牙文为Guerrero misterioso、Guerrero perfecto）	与北方的所有特征——冬季、水源、黑色、保藏相关联。 与四象中的北方玄武相关联。 在道教中是至高无上的神祇。 北帝右手持剑，左手持三山之印，脚踏龟蛇。 习武之人奉之为大师，航海之人奉之为航行向导。 被河北、辽宁和蒙古族居住地区的民众奉为保护神。 被福建和广东民众及其海外移民奉为保护神[②]。
观音	观世音	西班牙文为Diosa “La que oye los lamentos del mundo”	在中国佛教信众最多。在中国南方拥有各式大小的神祇塑像数不胜数。 在海外华人中也拥有大量信众。 护佑人们免除水灾、火灾和战乱。保佑妇女怀孕。

① 保尔·特洪·谢·法特：《苏里南的华人新移民：民族表演的必然性》，阿姆斯特丹大学出版社，2009年，第289页。

② 汤姆·比林格：《北帝：神秘的北方黑神》，参见https：//zolimacitymag. com/pak-tai-mysterious-black-god-of-the-north/。

称号（普通话）	别称	绰号	简述
财神	赵公明 文财神比干 文财神范蠡	西班牙文为 Dios de la fortuna、 Dios de la riqueza或 Dios de la prosperidad	在中国民间宗教和道教、佛教中拥有大量信众。 其形象黑面浓须，骑黑虎，一手执银鞭，一手持元宝，全副戎装。据说其银鞭可点石成铁，点石成金。 据说比干有妻陈氏，其子名坚，据传是天下所有林姓人的祖先。

资料来源：作者根据寺院庙宇内介绍撰写。

除了在会馆内供奉这些神祇，客家人在他们的店铺等生意场所乃至家中也保留一小块地方供奉它们。秘鲁的客家家庭在家里还供奉“三星”，即代表福禄寿的三位神仙[①]。福禄寿是客家人心目中美好生活的象征，也是他们的人生追求目标。他们在家里供奉三星塑像的时候，必须按照严格的次序与位置摆放，否则神祇不会眷顾[②]。

同义堂是为供奉关公和北帝而建。客家会馆会长介绍说，对这两位神祇的崇拜在没有中国血统的纯秘鲁人中也有所增加。同陞会馆为供奉这些神祇而修建了这个南美规模最大的道教活动场所。许多信众前来拜谒关公，并且求签祈福。也有不少秘鲁人前来求签，或为爱情圆满，或为祛病除灾[③]。

除了按照《易经》中八八六十四卦为信众“释签”，客家会馆每年还举办几个重要节日的庆祝活动。“其中最重要的是在关公诞生之日的拜谒仪式

① 蒂诺·古斯曼·甘解释说，这些神祇在秘鲁华人当中也存在，不过按其方言发音拼写为“Fuk Lok Sau”或“Fulouchou”。它们三位分别是圣福公（San Fuk Kong）、圣禄公（San Lok Kong）和圣寿公（San Sau Kong）。详见蒂诺·古斯曼·甘“客家人在秘鲁”小组内的文章，https://www.facebook.com/groups/HakkaPeru/?ref=bookmarks。

② 关于这三位神祇的来源及其与各地城乡的客家人的关系，有各种不同说法。似乎是客家人来到广东北部与广府人和其他民系的居民一起生活的时期接受了这个信仰。在中国民间宗教中，都说“福星”不是被众多孩子团团围住就是“福星”背着好多孩子，但实际上这些孩子都是个子很矮的大人；认为“禄星”会增加一个人的财富和影响力并提高一个人的社会地位；而“寿星”则掌握每个人的寿命长短。对各地城乡客家人来说，这三位神祇的放置顺序大有深意，必须遵守如下顺序：福星第一放左边，禄星第二放中间，寿星第三放右边。但是，传统上该三星的放置顺序是跟古书的阅读顺序一致的，即自右而左，于是福星第一放右边，禄星第二放中间，寿星第三放左边。客家人认为，如果福星没有放对位置，“会褫夺你的幸福”。

③ 秘鲁中华通惠总局：《秘鲁同陞会馆》，http://www.scbcperu.com/cn/shuxiahuiguan/36.html。

客家人寺庙内供奉的观音塑像

客家人寺庙内供奉的其他神祇

客家人寺庙内供奉的其他神祇

客家人寺庙内供奉的其他神祇

客家人寺庙内供奉的关公

和请出本尊游行，一如天主教徒们每年举行‘神迹之王’游行一样。”黄华安先生介绍说。尽管每年的活动都跟严格的传统多少有所出入，但客家人采取的兼容并蓄、交流融汇的开放态度是显而易见的。

今天的客家人仍然保留的一个传统是，每年召开由所有与客家人有某种亲戚或血缘关系的人参加的“恳亲会”。在恳亲会上，客家人会感觉到自己的民系和家族空前团结。“目前，我们的恳亲会有数百个家庭参加，大

客家人寺庙内常见的问卜读签场面

家共享金猪和饼食等美味佳肴。”这位会长自豪地说。

这座供奉有客家人心目中各神祇并给信众抽签占卜的寺庙还接待过许多被华侨和土生奉为师傅的人及其弟子[①]。他们当中有人熟知易经八卦[②]，有人精通客家拳[③]、麒麟舞[④]等中国民间传统武术和舞蹈。此外，“也有人在会馆里表演过道教法事礼仪，或者讲解过古老神秘的风水。这些在书本里让人觉得神奇、神秘或者已经失传了的东西都在会馆里真实而生动地展现过”[⑤]。

在寺庙里举行法事时，司仪或者说高功常常遮住自己的脸[⑥]。“因为通过高功的嘴巴说话的是大仙，而法事一旦结束，高功就完全忘记了自己刚刚说的事。”克鲁兹解释说。他补充说，做法事一直被视为最庄重严肃的时刻，最初都是由高功本人进行的。“中山的客家人只是从已经去世了的老人们嘴

---

① 约瑟夫·克鲁兹和蒂诺·古斯曼·甘跟作者提到了托马斯·甘（Tomás Cam，绰号野猪）、巴布洛·甘（Pablo Cam，绰号狗）和他的学生阿道夫·帝赫洛（Adolfo Tijero）、林四发（Lam Si Fai）、万永成（Man Yon Cheung）、周万华（Chuy Man Wha，绰号红棕榈）、刘同耀（Lau Tung Yau）、法斯特·黄、奥古斯特·甘·李和他的学生罗纳尔多·陈·泽、菲利克斯·唐和他的学生约瑟夫·克鲁兹、巴布洛·钟·博萨等土生。

② 约瑟夫·克鲁兹曾讲起一位老奶奶到唐人街向一位卖菜的客家人请教《易经》的故事。“这位客家人是卖菜的，却是个饱读诗书的人。他用诗一样的语言向老奶奶解释各种问题。他是菜市场里靠卖菜为生的一位智者。当年华南的许多大知识分子都是国民党员，他们像他们的前辈当年逃难一样，从国内战争中逃到秘鲁来。”克鲁兹说，这段往事把他置于两种互相矛盾的感情之中。“他为精通中国传统占卜术的大师来到秘鲁感到高兴，同时又为这样一位有才能的人来到这里不能施展才华而只能为糊口随便改行感动悲哀。”克鲁兹强调说，最好的占卜师是同陞会馆的古斯曼·顾。

③ 根据约瑟夫·克鲁兹介绍，这是客家人常打的一种拳，故又称“客家拳”。在打斗中该拳力道强劲。

④ 麒麟舞是客家人独创的舞蹈。据约瑟夫·克鲁兹介绍，“这个舞蹈在广东和福建的客家人聚居区很常见。其舞步较低，很像功夫里的麒麟步，两腿交叉行进；头部动作和狮子舞的高昂不同，它的头总是在低处活动。秘鲁能表演麒麟舞的是中山同陞会馆的狮子舞表演队。该表演队的成员都是客家人，它由两个表演队合并而成，这正是为什么同陞会馆和中华通惠总局的狮子舞表演看得出来受到麒麟步的影响的原因。蒂诺·古斯曼·甘还说：“万塔街上客家同陞会馆的表演队成员大部分都是中山的客家老乡，卡亚俄客家会馆的表演也是根据我们康家人口授的传统跳法跳的”。

⑤ 约瑟夫·克鲁兹“客家人在秘鲁”小组内的文章，https：//www. facebook. com/groups/HakkaPeru/?ref=bookmarks。

⑥ “用面具盖住脸以替身的身份进行表演”是民间宗教里常用的办法，客家巫师也是这样。约瑟夫·克鲁兹讲了这样一个故事：“回到面具的话题，客家人确实使用面具。有一回我在伊格雷塔（Higuereta）的观音塑像前要解读一个签，旁边一位上年纪的大叔跟我说，我得穿上女人的衣服，戴上面具并且装女人说话，只有这样才能解读观音的这个签。可我是个108公斤重的男子汉，装成阿罗汉还差不多，怎么能穿女人衣服装成观音呢，所以我没理睬那位大叔的建议。”

里听说过那些法事。现在的年轻人已经不知道这些事情了。”[①]

客家会馆和寺庙的现状如何？因为有了新的需要，它们便与时俱进，也有了新的职能，“有如在一个微观宇宙里，人们对于民族和国籍的不同观念在不断互动，同时在每个海外中国社团内各不相同的环境里发展演进。”[②]海外华人会馆不仅把他们同他们的家乡联系在一起，而且加强了另一种联系，那就是他们的成员与祖国——中国的联系。各地的寺庙现在很开放，吸引了越来越多对中国问题感兴趣的当地人士。

第二节　奥雷里奥·谢宝山的出现与华人社团的客家时代

奥雷里奥·谢宝山像（谢宝山家人提供）

19世纪末至20世纪初秘鲁社会最为敬重的中国人是客家人奥雷里奥·谢宝山[③]。他不仅是客家[④]移民社团的领袖，他还成功地实现了整个华人社团内各派组织的统合团结，同时还成为华人企业界优秀的代表。1921年，“奥古斯托·B. 莱基亚·萨尔基多总统给他颁发太阳勋章，以表彰他的杰出贡献。他因此成为第一个获得如此殊荣的华人移民”[⑤]。

① 约瑟夫·克鲁兹“客家人在秘鲁”小组内的文章，https：//www. facebook. com/groups/HakkaPeru/?ref=bookmarks。

② 唐人街学：《会馆》，http：//www. chinatownology. com/clan_associations. html。

③ 奥雷里奥·谢宝山（Aurelio Pow San Chia），1860年出生于香山（今中山市）五桂山马溪村，1939年去世于利马。五桂山是中山市唯一以客家人为主的聚居镇区。（根据约瑟夫·克鲁兹介绍，五桂山里有一个百余户广府人的村子，而这个村子四周都是客家人家。这可能就是谢宝山看起来更像广府人的原因。）详见中山市人民政府地方志办公室编《中山市人物志》，广东人民出版社，2012年，第54页。

④ “Chia”是按“谢”的客家话发音的拉丁字母拼写。据会讲几种方言的约瑟夫·克鲁兹介绍，“凡是遇到姓谢的人，我们就知道他是客家人”。

⑤ 秘华协会：《文化与传统——古老姓氏：耿》，http：//www. apch. com. pe/geng. html。

中华通惠总局编的《华人抵达秘鲁150周年纪念特刊》的封底记载了他受勋的事情。“他的超凡能力和杰出努力使他在商界很快取得了多项成绩，创造了巨大财富，获得了极高的荣誉。当时的总统莱基亚对他给予高度评价并成为他的好朋友。秘鲁政府给他颁发了勋章，表彰他对秘鲁社会做出的重要贡献。他是获得秘鲁政府颁发荣誉勋章的第一位中国公民。”

德碧琪认为：“奥雷里奥·谢宝山的家庭是众多在旅秘华人心中占据特殊位置并得到利马社会的支持和善意关怀的华人家庭之一。根据新闻报道，奥雷里奥·谢宝山先生是为秘鲁社会发展做出巨大贡献的人口众多的华人社团杰出代言人之一。他杰出友善的人品使他被整个华人社区当作最知心可靠的参谋。”①

根据德碧琪的考证，在那个以种族主义眼光蔑视东方人成为时尚的年代，《世界》杂志《社会要闻概览》栏目提到谢宝山时称他是“具有开创精神的公民、极为成功的农场主和实业家、道德高尚并享有很高社会地位的人士”②，“他以其对华人社区的重要贡献深受爱戴和尊敬。他不仅得到广大亚洲籍企业家的支持，而且也获得驻秘鲁外交使团的好评”③。

一个历史人物总是少不了一些关于他的传说。据说谢宝山第一次来到秘鲁是1888年④，作为大清帝国一个政府代表团的成员到南美洲访问秘鲁和智利的。该代表团的使命是加强清朝与上述两国的关系，同时考察华人移民在这两个国家的生活和工作状况⑤。但我们在中山市的官方档案中看到这样的记载：“清光绪十年（1884年）赴秘鲁经商，才干出众，1885年创立宝隆公司，任宝隆田寮（田庄）股东、总经理。”⑥

---

① 维尔玛·德碧琪：《蓝色另一面：秘鲁华人移民的150年》，秘鲁国会出版基金会，1999年，第83页。

② 同上。

③ 维尔玛·德碧琪：《蓝色另一面：秘鲁华人移民的150年》，秘鲁国会出版基金会，1999年，第78页。

④ 谢宝山首次抵达秘鲁的这个年份（1888年）存疑，因为早在1884年他开办的进口商品批发商号宝隆公司已经成功地挺过了与智利的战争结束之时利马唐人街遭遇的那场危机。

⑤ 秘华协会：《文化与传统——古老姓氏：耿》，http：//www. apch. com. pe/geng. html。

⑥ 中山市人民政府地方志办公室编《中山市人物志》，广东人民出版社，2012年，第54页。

他可能于1889年带着他的六个侄子[①]返回秘鲁并在利马定居。有人说，他在智利圣地亚哥期间和智利女人艾尔维拉·拉斯特拉（Elvira Lastre）结了婚[②]。但另一些人却说，他是跟他在利马结识的一位秘鲁女人结的婚[③]。他没有自己的婚生子女[④]，但他收养了豪尔赫（Jorge）和萨拉·纳瓦罗（Sarah Navarro）二人[⑤]。他唯一的养女与客家人后裔吉叶莫·张志仁结婚[⑥]并于秘鲁育有一子[⑦]。他的女婿后来接管了他在利马附近收购的农场的管理工作。

中华通惠总局编辑的一些出版物里有另一种具有同样传奇色彩的说法："谢宝山系广东中山人。22岁时移民秘鲁并与一名秘鲁女人结婚。他生性聪慧，行事果断，待人谦和。他担任宝隆公司总经理。该公司专营中国土特产品的批发生意和进出口贸易。他名下有四家农场。"[⑧]

关于他的家庭生活，中华通惠总局的出版物写道："谢宝山于1884年抵达秘鲁，后经商致富，是若干家大型企业的董事长。1918年，他任总经理和股东之一的宝隆公司资产达一百万美元。他很快就融入了秘鲁社会并和秘鲁女人艾尔维拉·拉斯特拉结婚。婚后，他收养了妻子的一个外甥（豪尔赫）和两个外甥女。其中一个外甥女（萨拉·纳瓦罗·拉斯特拉）后来嫁给了宝隆公司的最大股东张志仁。"[⑨]

中山市的官方档案这样介绍宝隆公司："该公司专营欧洲和美国产品的进口和中国丝绸的出口。宝隆公司的进口部门是该公司整个贸易链条中的第

---

① 耿谢的家人指出，他们即来自这个家族。详见秘华协会：《文化与传统——古老姓氏：耿》，http：//www. apch. com. pe/geng. html。

② 约瑟夫·克鲁兹认为，谢宝山是跟一位智利女人结的婚，并且收养了她的一个侄女作为两人的女儿。

③ 伊莎贝尔·洛桑·埃雷拉：《秘鲁的中国会馆与庙宇》，秘鲁国会出版基金会，2000年，第41页。

④ 传说他回国的时候收养了一个可能是客家人的男孩。这个男孩长大之后，他父亲去世的时候，他继承了全家的所有财产。

⑤ 伊莎贝尔·洛桑·埃雷拉：《秘鲁的中国会馆与庙宇》，秘鲁国会出版基金会，2000年，第41页。

⑥ 张志仁，又名张江福，其西班牙文名为Guillermo Chiong Kongfook（又拼写为Chiong Kong Fook、Fon Shan King或Chang Kong Fook）。

⑦ 维尔玛·德碧琪：《蓝色另一面：秘鲁华人移民的150年》，秘鲁国会出版基金会，1999年，第83页。

⑧ 秘鲁中华通惠总局编《华人抵达秘鲁150周年纪念特刊》，秘鲁中华通惠总局，封底。

⑨ 秘鲁中华通惠总局编《华人抵达秘鲁150周年纪念特刊》，秘鲁中华通惠总局，第64页。

吉叶莫·张江福与萨拉·纳瓦罗·拉斯特拉夫妇及其八个子女拍摄于1945年［长子达涅尔·克莱门特·吉叶莫·张·拉斯特拉（前排左二）是洛雷塔·张的父亲。洛雷塔·张是企业家埃拉斯莫·黄（黄业生）的妻子。照片由谢宝山的女婿张江福的孙女洛雷塔·张·黄提供］

谢宝山和夫人艾尔维拉·卡尔瓦里奥·拉斯特拉及其收养的两个外甥女和一个外甥——埃斯特尔·纳瓦罗·拉斯特拉、萨拉·纳瓦罗·拉斯特拉[①]和豪尔赫（照片由谢宝山的女婿张江福的孙女洛雷塔·张·黄提供）

吉叶莫·张江福与萨拉·纳瓦罗·拉斯特拉于1921年7月16日结婚（照片由谢宝山的女婿张江福的孙女洛雷塔·张·黄提供）

① 在好几个出版物中出现的是拉斯特雷（Lastre）这个姓。但是许多直系亲属肯定地说应该是拉斯特拉（Lastra）。此外，Sarah 应为Sara。

一环，后来逐渐做大，收购了四家农场，开办了一家航运公司和一家保险公司。秘鲁的华人移民作为可靠且高效的劳动力，为秘鲁与欧洲、美国和中国发展贸易并取得巨大成功做出了重要贡献。”[1]

谢宝山收购的几家农场为秘鲁人同时也为中国人提供了工作岗位[2]。“谢宝山是宝星农场（La Estrella）[3]、宝石农场（Pedreros）、宝庄农场（Villa）和瓦奇帕农场（Huachipa）的主人。这四家农场主要生产棉花和蔗糖。那里有现代农业机具，有1400多名秘鲁工人。后来，谢宝山还收购了博卡内格拉（Bocanegra）农场。”[4]中山市的档案里有这样的记载：“这些农场的产品大部分出口到欧洲，其中蔗糖最为抢手，因为第一次世界大战的影响，这个不可或缺的日常食品却最为紧缺。宝隆公司是当年秘鲁最重要的八大商业公司之一。”[5]

1917年成立的“联盟保险公司”[6]和1920年成立的“中华航运公司”[7]完善了谢宝山从事国际贸易的机制。在这两家公司里，合伙人基本上是中国人。一份关于航运公司股东的文件说：“他们都是商界人士。他们出于浓厚而坚定的兴趣和公司紧密地联系在一起。他们与公司各机构和部门已融为一

① 中山市人民政府地方志办公室编《中山市人物志》，广东人民出版社，2012年，第54页。

② 约瑟夫·克鲁兹指出，“谢宝山在华人中很出名，因为他有许多佃农”，还说“在奇克拉约定居的客家人里有90%是谢宝山从国内带过来的”。

③ 谢宝山收购的宝星农场建于1874年，原主人是英国人弗朗西斯·布瑞斯。

④ 维尔玛·德碧琪：《蓝色另一面：秘鲁华人移民的150年》，秘鲁国会出版基金会，1999年，第83—84页。

⑤ 中山市人民政府地方志办公室编《中山市人物志》，广东人民出版社，2012年，第54页。

⑥ “1917年，成立了联盟保险公司，宗旨是为华人的商贸活动服务。当时实力最强大的秘鲁和中国商人共同出资20万秘鲁镑。到1923年，该公司已获利5351444秘鲁镑。该公司董事会组成如下：董事长圣地亚哥·埃斯库德罗·吴（Santiago Escudero Whu），副董事长埃塞基耶尔·陈·甘（Ezequiel Chan Kan），董事塞萨雷奥·钱凤山（Cesáreo Chin Funksan）、阿尔纳尔多·德阿尔梅拉（Arnaldo de Almeira）、何慎宏（Jo San Jon）、埃斯特万·恰佩（Esteban Chiappe）、奥雷里奥·谢宝山（Aurelio Pow San Chia）、哈维尔·顾（Javier Koo）、佩德罗·可寿（Pedro Kossau）、托马斯·斯瓦伊内（Tomás Swayne），总经理埃尔内斯托·N. 孔罗毅（Ernesto N. Conroy）。详见维尔玛·德碧琪：《蓝色另一面：秘鲁华人移民的150年》，秘鲁国会出版基金会，1999年，第81页。

⑦ 中华航运公司是谢宝山与埃塞基耶尔·陈·甘共同投资和经营的。详见维尔玛·德碧琪：《蓝色另一面：秘鲁华人移民的150年》，秘鲁国会出版基金会，1999年，第83页。

个整体。”[①]“由于有了自己的航运公司，商船频繁停靠广州、香港等地，宝隆的生意日益兴隆。”[②]

根据洛桑·埃雷拉的考证，谢宝山分别在宝隆公司（1896年）和保安公司（1897年）都持有股权。这两家股份有限公司都直接与中华通惠总局有密切关系。“股东们的投资十分多样化。他们收购并经营着农场，生产棉花和蔗糖，甚至饲养牲畜。他们创办了联盟保险公司、中华航运公司和一家商会。”[③]

“他是一位在华人社区十分知名并深受爱戴的人。”[④]德碧琪总结道。谢宝山是个几乎无处不在的人物[⑤]。1891年，他推动成立了中华通惠总局。1920年，他出任总局主席，其身边的助手都是成功的商人和企业家[⑥]。此外，他还担任过香山会馆会长和中国商会会长。他还推动创办了《侨声报》（La Voz de la Colonia China，现中文名为《公言报》）。

1924年，谢宝山热心促成了《秘鲁的华人社区》大型画册的出版。该画册描绘了华人精英企业家的群像，介绍了他们的商业成就。也是在那一年，“中华学校”（Colegio Chung Wha，或简称Colegio Chino）成立[⑦]。洛桑·埃雷拉介绍说：“成立该学校的倡议主要来自华人天主教夫人协会（Asociación de las Damas Católicas de la Colonia China）。当时该协会主席正是出生于智利的艾尔维拉·卡尔瓦里奥·拉斯特拉（去世于1936年），也就是商业巨子谢

---

① “我们很难相信这些词是用来形容华人企业家的，这些词有挑唆种族仇恨进而激起愤怒的含义。”见维尔玛·德碧琪：《蓝色另一面：秘鲁华人移民的150年》，秘鲁国会出版基金会，1999年，第90页。

② 中山市人民政府地方志办公室编《中山市人物志》，广东人民出版社，2012年，第54页。

③ 伊莎贝尔·洛桑·埃雷拉：《土生与变革中的秘鲁华人社区》，《海外华人杂志》2010年第1期。

④ 维尔玛·德碧琪：《蓝色另一面：秘鲁华人移民的150年》，秘鲁国会出版基金会，1999年，第83—84页。

⑤ 他与国内保持着密切的联系，坚定地支持孙中山的革命活动，为其提供了大笔的赞助。

⑥ “奥雷里奥·谢宝山先生任中华通惠总局主席，钱凤山任副主席，马克西姆·梁任司库，胡里奥·古·盛任秘书长。”见维尔玛·德碧琪：《蓝色另一面：秘鲁华人移民的150年》，秘鲁国会出版基金会，1999年，第83—84页。

⑦ 中华学校成立于1924年，次年在谢宝山任会长的南海会馆会址内招生开学，1926年迁到中华通惠总局内。后来与国民政府资助的学校合并易名为三民联校。该校现名“双十秘中学校”（Colegio Peruano Chino Diez de Octubre）。

宝山的夫人。”[①]

在洛桑·埃雷拉笔下，谢宝山是个虔诚的天主教徒，他热心推动为华人家庭创办天主教学校，让孩子们接受天主教教育。此外，他是耶稣圣心骑士协会的会员。该协会是由耶稣会士们帮助成立的耶稣圣心华人天主教协会的一个分会[②]。

他不仅参与各种教育计划[③]的实施，他还参加许多社会救助[④]和卫生普及的活动，来帮助经济困难的华人移民家庭[⑤]。他的帮助不限于旅居秘鲁的华人，而且也包括国内的家乡父老。“20世纪30年代初，他回到自己的家乡广东马溪，为村里的乡亲们开办了一所免费接受教育的学校。”[⑥]

根据德碧琪的调查，“在第二波移民浪潮中，谢宝山为来到秘鲁的中国人给日程增加了乡亲互助和调整商业经营规范的工作，其目的就是想方设法使新移民能尽快安定下来立住脚，进而使其社会地位有所上升。与第一代移民相反，他们经过自己的努力并借助大型商业企业的创办最终有了自己的组织，实现了华人社会的大团结。‘包括秘鲁全国最强最大的国际贸易企业在内的进出口交易所即坐落在比林赫斯特街上一座漂亮的大楼里。’1924年出版的《在秘鲁的外国侨民社团》大型画册里这样介绍说。主持这家交易所的正是奥雷里奥·谢宝山先生”[⑦]。

这个潮流的转变是在谢宝山的努力推动下实现的。他的目光、行动及其影响已远远超出华人社区而涵盖了秘鲁社会的方方面面，从经济、政治到外

---

① 伊莎贝尔·洛桑·埃雷拉：《土生与变革中的秘鲁华人社区》，《海外华人杂志》2010年第1期。

② 同上。

③ 根据洛桑·埃雷拉记载，1923年谢宝山向圣马科斯大学捐赠200秘鲁金镑，由刚刚被任命为大学图书馆馆长并受命为图书馆财产造册登记的佩德罗·苏伦接收。详见伊莎贝尔·洛桑·埃雷拉：《土生与变革中的秘鲁华人社区》，《海外华人杂志》2010年第1期。

④ 1936年谢宝山设晚宴招待“孤寡老人的姐妹之家”养老院的400名高龄中国老人。

⑤ “在教育方面，他为该大学医学院、法学院、工学院和女子师范学院的优秀学生设立了每年4万索尔的奖学金。在卫生方面，他为方便贫困华人移民就诊向‘五月二日医院’圣何塞诊厅捐赠了一笔修缮维护费用。”见维尔玛·德碧琪：《蓝色另一面：秘鲁华人移民的150年》，秘鲁国会出版基金会，1999年，第83—84页。

⑥ 中山市人民政府地方志办公室编《中山市人物志》，广东人民出版社，2012年，第54页。

⑦ 维尔玛·德碧琪：《蓝色另一面：秘鲁华人移民的150年》，秘鲁国会出版基金会，1999年，第82页。

交、社会。德碧琪引用了当年的这样一条消息："任何强大的社会群体都必然有其代表性的杰出人物，这大概也是一个群体荣誉的象征。确实，奥雷里奥·谢宝山先生就是这些杰出人物之一。"[①]

洛桑·埃雷拉同意德碧琪的评价并进一步解释道："正是在那个时期，唐人街的中国商人是最团结一致的，而且其经济实力也是最强大的。他们与当局建立了良好的关系，有效地保护了他们领导的社团内的同胞的利益。他们几乎都皈依了天主教。"[②]这位学者还指出，他们的招工模式也都是一样的，即招收自己家乡的讲同一种方言的人到自己的商号来工作[③]。

正如洛桑·埃雷拉指出的，谢宝山时代的一个显而易见的事实是，"在20世纪20年代，除了全国各地成立的会馆和行业（如医生、制鞋匠、修理师、屠夫等）公会以及中华通惠总局1886年成立之时所列名单里已有的组织，一共有30多个华人协会组织"[④]。客家人谢宝山凭借其号召力和组织能力，在其身边华人企业家的协助下，建成了一个有组织有活力的华人社区。

---

① 维尔玛·德碧琪：《蓝色另一面：秘鲁华人移民的150年》，秘鲁国会出版基金会，1999年，第84页。

② 伊莎贝尔·洛桑·埃雷拉：《在天主教和福音传教之间：秘鲁华人社区》，载陈志明编《移民和信仰宗教后：宗教、华人认同和跨国网络》，世界科学出版社，2014年，第200页。

③ 伊莎贝尔·洛桑·埃雷拉：《秘鲁唐人街和变革中的秘鲁华人社区》，《海外华人杂志》2011年第7期。

④ 伊莎贝尔·洛桑·埃雷拉：《土生与变革中的秘鲁华人社区》，《海外华人杂志》2010年，第1期。

第四章 融合之路

宝山时代华人企业家——其中大部分是客家籍——的成功可以理解为，早期中国人移民过程中在中国、秘鲁和世界提供的有利契机下经济、政治和社会等因素综合作用的结果。谢宝山所成就的正是前瞻性地考虑到所有环节从而打造一条全球贸易链条，以加强自己在中秘企业家、华人社区乃至秘鲁社会中的实力。

谢宝山于1939年去世。遗憾的是他生前没有明确选定一位像他一样可以统一协调华人社区各个组织的接班人。华人社区的各个组织都由具有共同信念的华人企业家领导，他们的共同信念包括支持孙中山先生的理想、支持国民党[①]政府、提倡共享经济发展成果等等。宝山去世之后，他生前掌握的领导权自然而然分散到了包括香港、澳门、非广东省企业家组成的团体在内的不同组织里。

谢宝山晚年恰逢中国国内继军阀混战（1916—1928）之后第一次国共内战（1927—1937）爆发、日本侵占东三省（1931年）引发中华民族生存危机以及七七事变（1937年）爆发后国共两党形成抗日民族统一战线之时。在秘鲁，虽然华人社区内部存在不同的政治观点和民系出身，但大家都能保持团结，一致支援抗日战争并共同面对一个越来越敌视亚洲人的秘鲁社会。那时

① 清光绪二十年（1894年）11月24日兴中会成立。在中国国民党的传统中，将兴中会至中国国民党的发展历史视为一脉相承，故以兴中会成立的1894年作为中国国民党的建党之年。

候的秘鲁华人社区没有客家人，没有广府人，只有中国人。

第一节 三台引擎：夫妻、宗教和烹饪

在这样的背景下，三台引擎——夫妻、宗教和烹饪——缓慢地推动着华人社区的变身，悄悄地为一个崭新的秘华社区的诞生催产。这个秘华社区由中秘混血家庭及其秘鲁籍成员组成在这样的家庭里，民系出身的差异显然要退居其次了。正是这三台引擎使华人移民从自外走向与秘鲁社会的融合。尽管对客家人来说这个融合过程更加缓慢，但他们仍继续在这条融合之路上向前迈进。

中国式的实用主义在帮助他们被当地社会接受进而融入到这个社会之中发挥了绝对优势的作用。在最初几波移民浪潮中，当广府人选择了与当地人通婚这条路的时候，客家人却张开双臂拥抱了天主教。这两种做法都没有遇到太大的问题。两部分人都清楚自己的做法会使他们更便捷地融入当地社会从而改善家庭经济状况。但是，更为快捷有效的一条路是利用厨房里的烹饪术——创造秘鲁式的中餐并且开办更多的CHIFA（中餐馆。粤语“食饭”的发音，在秘鲁早已由动词变成名词，表示吃饭的场所）。

一、夫妻

从早期抵达秘鲁的华人移民——其中大多数是广府人——的年龄、移民的目的和他们的劳动条件[①]来看，可以想象他们中的大多数人已经在国内有了家室，并且不管是一个还是两个妻子，至少都有了一个子嗣。对于19世纪的中国人来说，无论是广府人还是其他民系的人，也不管是在国内还是在国外，娶一个以上妻子是很普遍的事情，但客家人是个例外，他们很少跟一个以上的非本家族女人结婚。

在一个族长制社会，一个男人，特别是家里的长子，无论是自愿还是

① 里卡多·拉托雷·席尔瓦认为，在秘鲁政府于1849年颁布的《中国法》框架内，有10多万名苦力来到秘鲁。《中国法》是为替代作为沿海农场主要劳动力的已获得自由的非洲黑奴而制定并由国会通过的。

出于家庭原因远走他乡的时候，一般都把一个妻子留在国内以照顾年迈的父母，同时把至少一个儿子也留在国内以延续家族的香火。这个模式在19世纪下半叶和20世纪初的移民中相当普遍。这些移民第一次出去的时候都是单身，落脚并安定之后再把自己的儿子拉出去，但很少会让妻子出去。

回国相亲或委托家人物色未来的妻子这种做法，只有在经济条件允许的情况下，并且能够向未来可能的岳丈显示自己拥有生意或产业等足以证明自己经济状况十分稳定而且拥有生活保障的时候才是可行的。显然，第一波移民潮中来到秘鲁的中国人无论如何是没有资格采用这种做法的。对于想尽快融入秘鲁社会的广府人移民而言，娶一个当地女人为妻则是唯一同时也是最好的选择。

虽然困难重重，但是客家移民仍然遵循传统的办法回到家乡跟客家女人结婚。在大多数情况下，他们所娶的妻子是经家人或亲戚介绍的。一旦成婚，等过一段时间妻子来到秘鲁的时候，不是正怀有身孕就是抱着他们的第一个孩子。另外一些情况就是凭借照片结婚——双方相中之后，准新娘则乘船或乘飞机来到秘鲁完婚。还有一种情况则是在秘鲁与华人社区客家家庭里在秘鲁出生的女性结为夫妻。

一个第一波移民浪潮中只身来到秘鲁的中国男人跟一个当地女人结婚的情况产生出来一系列能够表述秘鲁社会关于“中国人”[①]这个概念演变过程的新词汇。这些新词汇也是他们被秘鲁社会逐渐接纳过程的一面镜子。“中国人”包括“苦力”“混血儿”和“土生”等等。在指代中国人之时所使用的词汇的变化是显而易见的：“混血儿”这个词已经被“土生”所代替，这个代替的过程使得新词完全摆脱了旧词包含的轻蔑的贬义。

拉托雷·席尔瓦指出，1849年秘鲁国会通过的法律即“中国法”允许契约劳工大批移民秘鲁。他认为，在接下来的30年里，有9万到10万华人移民来到了秘鲁。尽管“苦力”[②]一词开始并没有贬义而只是一个描述性的词汇（指的是没有专业技能的中国劳工），但秘鲁精英阶层先是把这个词进而又

---

① 这个词从来不能很好地区分亚洲各国人，更不用说区分广府人和客家人了。

② 关于“苦力”一词的来源还不能确定，但在这里指的是在中国签了卖身契约到秘鲁从事繁重体力劳动的移民。

把“中国人”与他们认为是移民们带到秘鲁来的不良嗜好和种种陋习联系在一起。

20世纪初的秘鲁媒体曾使用“混血儿”[①]这个词指代华人移民男人和当地社会经济状况贫困女人或印第安女人所生的大多从事农业生产的子女。这个词强调的是这些人都是不同种族的人通婚的结果，因此被秘鲁社会强烈谴责。直到现在在中国，人们仍把中国女人和外国人所生的子女叫作“混血儿”。虽然这个词已经没有任何贬义，但可以明显看出它是相对于纯正血统而定义的。

根据德碧琪的分类，随第二波移民潮而来的华人移民里，除了大生意人，还有中小企业家和商人的家人。与后来的宝山时代不同，这些企业家和商人也受到歧视，尽管他们的经济社会地位要比苦力们高许多。正是在那些年“混血儿”这个词逐渐被“土生”所代替。而“土生”这个词在一开始强调的是子女的出生地是秘鲁，不管其父母都是中国人还是只有父亲是中国人。

在中国男人与秘鲁女人（不管是中国血统还是秘鲁血统）结婚但在中国还另有家室的情况下，“土生”这个概念所确立的区分效果就更明显了。对于这个中国男人在秘鲁生下的子女可以用“土生”来称呼，以区别于他在国内生下的子女[②]。在这种情况下，“土生”这个称呼也带有某种贬义。到20世纪中叶，华人社区已经发展到了一个新的规模。在秘鲁出生但在中国接受教育的一代异军突起，同时被称为“华裔”[③]的中国人几代后人的数量也大为增加。

1961年，一批华裔青年成立了“华侨土生联合会”。这些华裔的职业

---

① 洛桑·埃雷拉介绍说，不能确切地知道从什么时候开始使用“混血儿”（injerto）一词指称华人父亲和秘鲁母亲的子女。但由于该词与农业技术相关，可以肯定的是来自与农场华工的接触过程当中。

② 秘鲁《东方月刊》社长劳尔·陈·鲁伊斯认为，已经在中国有家室之后又在秘鲁成家的华人移民把自己在秘鲁生下的子女叫作土生，以区别他留在国内的孩子。“土生”这个词强调的是“在秘鲁出生并在秘鲁成长”。

③ 华裔，根据陈志明的解释，指“华人的后裔”，不考虑代际区别。而华人与外国血统的人通婚所生子女被称为“混血儿”，这就是injerto翻译成中文最恰当的说法。详见陈志明：《迁徙、家乡与认同——文化比较视野下的海外华人研究》，段颖、巫达译，商务印书馆，2012年，第88页。

ASOCIACION
"TU SAN"

BOLETIN

華僑土生聯合會

REDACCION y RESPONSABILIDAD
Secretaria de Prensa y Propaganda
Jr. Paruro 823 Dpto. 303 Telf.72176
LIMA-PERU

华侨土生联合会新闻宣传秘书处编辑出版的会刊第一期（《东方月报》杂志劳尔·陈先生提供）

华侨土生联合会会刊（1961年）封面（左上角的印章让人联想到中国古代钱币。中间的漫画形象为中国广东人。该会刊第一期仅有4页，后增加至10页。《东方月报》杂志劳尔·陈先生提供）

大多与商业关联不紧密。他们的目的就是给他们的父母或祖父母使用的“土生”这个称呼正名并赋予正面的意义。该协会[①]最初只有20名会员，虽然其影响很大，但协会只存在了十几年。该协会的历史功绩是把土生与专业人士联系在一起，为改变秘鲁社会对土生这个群体的原有印象做出了贡献。

由广府人和客家人的子孙们创办的《东方月报》[②]杂志也对上述变化做出了积极贡献。该杂志上刊登的文章中，“土生”一词取代了“混血儿”和“华人”这些词汇。至此，对于不同民族或民系的区分已经不十分明细，因为舆论关注的焦点已经不在移民们本身，而是这些东方人在秘鲁组成的家

① 华侨土生联合会新闻宣传秘书处编辑出版的会刊第一期（1961年）内容包括联合会第一届理事会成员名单、社论、理事会做出的决议和联合会所开展活动的简报。

② 《东方月报》于1931年由阿尔弗雷多·陈·关、加布列尔·阿卡·关和列奥诺儿·阿卡·关共同创办。该杂志记录了秘鲁华人社区及亚洲人社区的发展变化。

庭。土生这个词已经不再是贬义的，而逐渐被秘鲁各地各界人士所接受，秘鲁也因此成为世界上唯一用专有名词指称海外中国人后代的国家。

二、宗教

华人移民中，对于皈依基督教并不抵触。至少在开始，这些突如其来的转变被移民群体视为与异国婚姻一样可以接受的事情。这是华人移民们一个十分实用主义的决定，为的是使自己能够更容易地被秘鲁社会所接受而不是被轻蔑。但是，广府人或客家人皈依天主教并不意味着他们将立即放弃自己中国的其他信仰。

根据洛桑·埃雷拉的研究[①]，从1870年开始，在新入教的华人天主教徒中，客家移民是人数最多、热情最高的人群。他们以虔诚的宗教精神和极大的行动热情著称。那些年，广东已有不同的教派在那里传过教[②]。这位学者指出，那些在自己的故乡已经和新教或伊斯兰教传教士有过接触的人没有皈依天主教，而那些在中国已经是天主教徒的人在秘鲁则更顺利地加入了当地信众群体[③]。

19世纪80年代末，秘鲁天主教一直在华人移民群体中宣讲福音并团结教友。南美太平洋战争之后，因一部分华人移民在战争中帮助智利军队，秘鲁社会对中国社团表示愤怒的谴责。在这种情势下，教会在华人心目中就变成了华人社团的守护者和成功的调停人。此外，天主教会支持华人教徒成立一个华人天主教徒协会，把新老教徒都团结到这个协会中。

1884年，随着清朝政府所派新的代表——郑藻如[④]大使的到来，教会又一

① 伊莎贝尔·洛桑·埃雷拉：《在天主教和福音传教之间：秘鲁华人社区》，载陈志明编《移民和信仰宗教后：宗教、华人认同和跨国网络》，世界科学出版社，2014年，第195页。

② 19世纪的广东有许多基督教团体在传教，因此许多客家人已经很熟悉这个宗教。在不同的地区，有的信仰新教，有的信仰天主教。

③ 从16世纪开始，随着葡萄牙人的到来，他们把澳门变成了天主教传教士——比如耶稣会士利玛窦——进入中国的门户，澳门渐渐成为天主教在东方的一个重要堡垒。洛桑·埃雷拉认为，在客家人聚居地赤溪从1862年起就有一个天主教传教团。详见伊莎贝尔·洛桑·埃雷拉：《在天主教和福音传教之间：秘鲁华人社区》，载陈志明编《移民和信仰宗教后：宗教、华人认同和跨国网络》，世界科学出版社，2014年，第130页。

④ 郑藻如（1824—1894），广东香山（今中山）人。光绪七年（1881年）以三品官衔大臣出任驻美国、西班牙、秘鲁三国大使，常驻华盛顿。

次被会馆或刚成立的中华通惠总局支持的各个协会取代。“教会与华人社团领导人的联系再一次被切断”，洛桑·埃雷拉指出。教会的领导作用再次退居次要地位，但是倒也从来没有完全消失，尤其在客家人当中。这个时期，华人皈依天主教已经不是出于实用主义目的了，而是出于自己对天主教的深厚和真诚的信仰①。

19世纪末，华人社团代表和领导的夫人们于1898年率先成立了“华人天主教夫人协会”。这次，教会承担了一个更积极的角色，它负责华人移民子女的教育。洛桑·埃雷拉的研究显示，20世纪初，很多来自中山的客家移民②把他们的子女送回内地、香港或澳门③接受中国文化的教育。这一切都加强了华裔青年与天主教徒的联系，也方便了他们之间相识交往以至婚配。

根据这位学者的研究，在华裔青年群体中培养其新的身份认知，加强其归属感并承认华裔或土生仍是华人社区的组成部分方面，天主教会发挥了重要作用。在天主教“我们都是同属一个宗教的教徒”这一思想的感召下，继续清除广府人与客家人之间的分歧和相互仇视，最终在出生于秘鲁的这一代后人中使这种分歧和仇视消弭于无形。

三、烹饪

严格地说，华人移民赢得秘鲁社会好感并使其接受的不是正宗广东菜而是CHIFA中餐馆里的菜肴。如果说异国婚姻和若干华人移民皈依天主教是华人移民群体向秘鲁社会靠拢的体现，那么CHIFA则实现了吸引并抓住秘鲁食客痴迷于中国烹饪的转变。

广东菜是从中国历史上数次移民大潮中吸收各地各族烹饪学的营养而形成的。根据王松斗的研究，广东菜的形成与完善经历了元朝至清朝约5个世纪的时间。

明清时期，珠江和韩江两个三角洲逐渐发展成商品农业的鱼米之乡。韶

---

① 关公或圣阿公的形象在秘鲁全国各地可见。对客家移民来说，对关公的崇拜丝毫不受对外国宗教信仰的影响。

② 指由谢宝山领导的团体。

③ 当年有不同的传教团（其中包括耶稣会）设在澳门，这些传教团推动了基督教的普及活动。此后香港、广州的情况与此类似，但在广州的规模和成效不可与澳门、香港相比。

关、湛江等地的农业生产也趋兴旺。明末清初，屈大均著的《广东新语》曾说："天下食货，粤东尽有之。"[①]明代是中国历史上最后一个由汉族人统治的封建王朝，也是第一个与葡萄牙人建立贸易关系的朝代。中国购得玉米、花生和红薯——这最后一种作物后来成为中国人的粮食之一[②]。

1842年，随着广州港口的开放，其他许多地方的烹饪技术传入广东。那些年，在当时中国的政治形势和经济状况下，广州的餐馆夜以继日地热闹。"历经元明两代至清中叶后，虽然国势日衰，但广州民间的饮食风气却日渐旺盛，鸦片战争爆发，清政府与英国签订一系列不平等条约，中国从此海禁大开，世界各地的珍异饮食原料陆续传入广州。"[③]

除了鸦片战争，中国国内的其他重大政治事件也使国家和百姓处于动荡之中。向海外移民成为许多中国人的唯一出路。据池子华介绍，"到了光绪后期，统计不下五百余万，而1929年，华侨人数竟至千余万。如此众多的人出洋，当然有一部分是受人欺骗，有一部分是被卖为"猪仔"，但无可否认的事实是他们中相当一部分是自发性的"[④]。

这些卖身给外国商人的人里面，就包括1848年以来抵达秘鲁的包括广府人和客家人在内的华人移民。他们从广东带来了中国传统的饮食和烹饪习惯以及可以适应任何变化并利用任何食材的烹调技艺。这批华人移民中只有一小部分被当作奴隶一样使用。在他们的契约期满后，那些曾做过厨师和佣人的人便来到城市，开办小客栈为底层百姓提供饮食和住宿服务。其他一些人便在各地小市场当售卖食物的流动商贩。

从1854年起，来到利马的华人移民开始在卡彭街附近集中，这一带后来逐渐变成了所谓的唐人街[⑤]。从某种意义上看，这个唐人街的形成代表了华人移民面对秘鲁社会的歧视与敌意做出的抵御和反抗。根据洛桑·埃雷拉记

---

① 王松斗：《广东菜的形成与发展》，《中国烹饪研究》1999年第3期。

② 小阿尔弗雷德·W.克罗斯比：《哥伦比亚交流：1492年的生物和文化后果》，普拉格出版社，2003年，第198—201页。

③ 王松斗：《广东菜的形成与发展》，《中国烹饪研究》1999年第3期。

④ 池子华：《晚清中国政治与社会》，苏州大学出版社，2014年，第208页。

⑤ 在之后几十年的时间内，唐人街成为包括广府人、客家人和其他民系在内的华人移民共同生活与工作的地方，人们也不会对他们的民系身份做细密的区分。

载，尽管当时反亚洲人的表现有所增加，但在唐人街却产生了一个相反的效应。“因某些个体进而抵制华人社区，但对中国文化特别是烹饪却非常感兴趣。”①

秘鲁的第一批CHIFA正是在利马的唐人街创办的。这些中餐馆提供源自广东菜但又适合当地人口味的菜肴。在利马，随着高区（Barrios Altos）的发展，中餐馆生意日益兴隆，因为那里正是秘鲁土生欧洲人习俗与传统的摇篮，并且集中了一批作曲家、艺术家、知识分子和波西米亚人。土生欧洲人的习俗传统与烹饪技艺的密切关系——这也正是秘鲁文化特质的表现——使秘鲁中餐业遇到了丰富并发展自己的契机。

很有可能是经常造访毗邻利马市中心的唐人街的土生欧洲人艺术家们别出心裁地把这些中餐馆命名为CHIFA。这种用西班牙文拼写方法命名的独特之处在于，看上去它与秘鲁华人移民大多数的广府人讲的广东话并没有关系，却似乎源自汉语官话或中国其他北方方言②。

从那时开始，秘鲁人把当地人开的土生欧洲人饮食口味的餐馆和华人开的餐馆统称为CHIFA。1930年前后，这种用西班牙文拼写一个来自中国的事物的办法也用于一些中餐菜肴，例如最初把广式炒饭叫作arroz chaufa（arroz在西班牙文中意为“稻米”“大米”，chaufa是对“炒饭”的音译），后来只用chaufa，显得更为简单顺口。1935年，《东方月报》杂志刊登了炒饭的原料与制作方法③。后来，出现了其他一些用法，例如形容给客人上的菜的量很大就说taipá④。据说，这个词是在第一家正式开张营业的中餐馆里创造出来的⑤。

---

① 伊莎贝尔·洛桑·埃雷拉：《秘鲁唐人街和变革中的秘鲁华人社区》，《海外华人杂志》2011年第7期。

② CHIFA字面上看起来的中文对应词是动词“吃饭”。从发音看，在普通话和广东话之间，而与前者更相近。

③ 温贝尔托·罗德里格斯·帕斯托尔：《中国的存在和民族认同》，载佚名编《当东方来到美洲：中国人、日本人和韩国人的贡献》，美洲开发银行，2004年，第128页。

④ “taipá”系由华人移民所讲方言而形成的一个秘鲁西班牙语词汇，意为“很大”“太大”。

⑤ 1921年，“CHIFA广东”开张，在这家餐馆诞生了“taipá”这个词。详见秘华协会：《天朝的烹饪艺术：中国饮食征服克里奥里奥的味觉》，https://www.apch.com.pe/chang-gironda.html。“土生欧洲人”亦音译为克里奥里奥。他们的包括饮食口味在内的风俗、习惯、思维、审美等一切观念被称为克里奥里奥风味（或风格）。

这家餐馆的老板是曾经担任中国驻秘鲁领事的胡安·伊格莱西亚斯[①]。

跟讲究营养平衡的广东菜不同，CHIFA创新的菜品味道很浓重，而且使用了许多秘鲁当地的食材如土豆。这些菜品使用肉类的比例很高，而蔬菜或秘鲁不生产的一些食材便用得相对较少。就在这个适应当地环境并赢得当地人喜爱的过程中，广东菜品形成了土生欧洲人饮食口味更突出的独特风味，最终造就了CHIFA。这个过程也反映在用餐场所的转变上——从小客栈变成中国餐厅，最后变成CHIFA。

CHIFA的地位不仅在唐人街得以巩固，而且在秘鲁各个社会经济阶层中也得到承认。CHIFA的菜品甚至传播到秘鲁百姓的家常食谱当中。1950年出版的一本介绍土生欧洲人菜品和秘鲁甜食的食谱中就有一章单独介绍“CHIFA菜品”[②]。CHIFA里使用的一些佐料广为人知后，便直接用它们的广东话发音来称呼它们。像sillao（豉油）、kion（姜）和cebollita china（葱）等佐料已然是秘鲁烹饪中不可或缺的一部分。

曾长期在秘鲁工作并了解秘鲁饮食文化的前外交官王世申认为，克里奥里奥风味的传统菜品如爆炒里脊（lomo saltado）、杂菜烩饭（tacu tacu）、牛肚炖土豆（cau cau）等明显受到中国烹饪的影响[③]，后来甚至出现了以西班牙文字母拼写广东话发音的菜名的现象，牛肚炖土豆的西班牙文菜名便由此而来却另有故事在内。据王世申介绍，他听秘鲁朋友们说，牛肚炖土豆本是当年苦力们用农场主不吃而丢弃的牛肚加各种调料炖土豆而成，其美味吸引了同在农场工作但仗主人之势时常欺侮华工的黑奴后裔前来讨食并询问这美味的名称，华工们愤怒地斥之为“狗！狗！”将其轰走，后者便以为这两个字就是这道菜的名字，从此这道菜就以cau cau[④]命名。

CHIFA是中国烹饪的土生品种，其特点不是中国的而是秘鲁的，因为本质上不是原来意义上的中国菜而是在秘鲁土生出来的菜系，表面上看像是广

---

① 他的名字可能是从农场主或教父那里得到的，这在当时是十分普遍的做法。

② 塞尔吉奥·萨帕塔·阿恰：《秘鲁传统饮食词典》，圣马丁·德波雷斯大学旅游与旅店职业学院，2006年。

③ 王世申：《秘鲁文化》，文化艺术出版社，2010年。

④ “cau”可能是“狗”这个汉字的广东方言的发音，当年农场苦力用以表示对曾经欺侮过他们的昔日黑奴的愤怒斥骂。

利马客家菜馆

客家菜馆的管理人员与广府人后裔特蕾莎·何·肖女士交谈

东菜，但实际上用了很多原产于秘鲁的调料和食材，甚至以西班牙文拼写法命名菜品。在少数厨师努力复制广东菜口味的时候，绝大多数人则选择了适应当地人口味。现在，许多来秘鲁旅游的中国人不承认CHIFA是中国菜或广东菜，正是因为它是在这片秘鲁土地上诞生和成长的。

从秘鲁方面看，CHIFA经历了一个秘鲁人对其感受不断更新的演进过程。20世纪初，CHIFA是中国餐馆和中国菜品的同义词，但到20世纪中期，CHIFA已经不完全是中国的而也是秘鲁的了。现在，CHIFA不但是秘鲁烹饪的一部分，而且还成了秘鲁文化身份的一个特征。说到演进过程，包括所有华人群体后代的土生一族[①]刚刚走过了一段与此类似的路程。

正如唐人街是所有华人移民群体共享的一个空间一样，CHIFA不仅成为对华人移民融入秘鲁社会做出贡献的另一个重要因素，而且也是促进华人移民社区内部团结一致的一个重要因素。客家移民也有许多人在经营秘鲁风味中餐馆，尽管其菜品不是正宗口味的广东菜，但同样把客家饮食的特色适应并融入于当地口味[②]。最近才出现了几个明显区别于秘鲁风味中餐馆的中国餐馆并推出了他们自己的特色菜肴，这其中就有不久前在利马开张的“客家菜馆”[③]。

第二节　土生华人的文化身份

在秘鲁华人移民第一波和第二波浪潮里，客家人的文化身份很可能在当时的社会生活中通过交往中使用母语、在家尊敬祖先长辈、在社区内崇拜民间神祇等行为以及复制其家乡的其他习俗与传统得以保存[④]。因此，秘鲁华人

---

① 他们保留着土生的特质——既有在土生家庭接受的经受得住时间考验而历久弥新的中国道德和传统的遗产，又有他们自己这一代独有的性格。

② 这是由一个秘鲁客家家庭创办的“弟弟中餐馆”把若干客家特色菜引进到餐馆菜单中的例子。

③ “客家菜馆” 在保留传统秘鲁中餐馆菜肴的同时，还有一个包括各式客家小菜的特别菜单。据约瑟夫·克鲁兹介绍，餐馆的主人是广东台山的广府人，其妻子是祖籍梅州的客家人，两位厨师分别来自台山和梅州。

④ “庆祝活动是移民在海外跟老乡们建立联系、强化文化认同的一个机会，也能使他们感到家庭团聚式的温暖与舒畅。”见唐人街学：《会馆》，http：//www. chinatownology. com/clan_associations. html。

社区内的众多会馆、协会的会址采用了“土楼”式的构造与功能。客家人同陞会馆就为拜谒关公也就是客家人的“圣阿公”专门保留了一个地方[①]。

但是，由异族通婚和皈依基督开始的融合过程却遇到了19世纪末至20世纪初秘鲁社会对华工们极尽歧视的阻碍。面对这种把广府人和客家人视为一体而无视二者民系和社会文化差异的巨大威胁，两者不同的民系特质统统融化消解于“中国的”这一大而化之的概念之中[②]。在一个半世纪多一点的时间内，在秘鲁人的感觉中，这个笼统的概念经历了从负面（苦力、混血儿）到中性（土生）最后到正面积极含义（中国人）的演进过程。

与“中国人”和含义扩展了的“所有与中国有关的人”在秘鲁人的感觉里一直在演进直至“土生”这个概念确立起来一样，中国人道德价值观和习俗也经历了不同的阶段，有的保留了下来，有的与其他民系或民族融合了或者被溶解消失了，有的则获得了新生。有些价值观和习俗被保留了下来是经由不同渠道实现的。华人社区的诸多会馆和中华通惠总局在其成立之初都是作为中国人的“共鸣箱”和守护者存在于唐人街上的。

天主教会的积极参与在华人融入秘鲁社会的过程中发挥了重要作用。最初，华人移民通过新生子女的洗礼进入到秘鲁社会的一个阶层。接下来，华人家庭接受天主教教义则使他们的子女在一致的信仰下更加团结。无论如何，相对来自中国的各种信仰和文化特质，天主教表现出一种调和与宽容忍让的态度，从而吸引了更多的信众。此外，天主教会还十分注意安排能够讲不同方言的教士和修女在讲对应方言的华人社团里布道。

妇女在初期移民过程中的缺位以及在后来的移民过程中仍不多见致使在移民们与秘鲁女人组成的新家庭中保留中国传统价值观和习俗遇到很大困难[③]。甚至那些从国内把自己的发妻接过来或回国完婚的客家人也遇到了一个很大的困难，即子女在秘鲁的教育问题。为了不使子女断绝与祖国相连的根

---

① 约瑟夫·克鲁兹认为，客家人对圣阿公的崇拜在华人社区是相当普遍的现象。但在关公诞辰抬出其塑像巡游则是由华商们为推动当地旅游而策划的活动，与宗教信仰的偶像崇拜无关。

② 必须指出的是，现在“中国人”这一说法不仅指秘鲁人眼中的在中国出生的移民，而且也包括这些人的子女，甚至随便一个看上去有亚洲人特点的人。

③ 早期华人移民是与当地秘鲁女人结婚的，而20世纪以来抵达秘鲁的华人则与华人移民女性或土生女性结婚。

脉，他们把孩子们送回国内接受教育。1960年之后，这种做法仍在继续，虽然秘鲁已经创办了中文学校[①]。

在必须面对秘鲁社会的偏见之外，客家人还要跟来自华人社区内部[②]的歧视做斗争。这种现象犹如一把折扇，每一道褶皱里都藏有客家人与广府人的一段矛盾和冲突的故事。客家家庭在秘鲁出生的孩子们一打开这把“折扇”，便会想起儿时的记忆。

“我现在明白了。我还记得，我小时候好多广府人带着一种优越感用轻蔑的眼光看我们。到底为什么？我常常想不通，咱们都是中国人呀！我家祖辈都是纯粹的农民，但我很骄傲。我姓Lung，就是龙，我很骄傲。我身上流的是百分百的中国血液，我也很骄傲。”特蕾莎·龙自我介绍说。蒂诺·古斯曼·甘对特蕾莎说：“广府人总是自觉高人一等。我爷爷是客家人，他们就叫他‘山鬼’或是‘山里人’。尽管他们瞧不起，但我爷爷在利马和卡亚俄最要好的朋友都是（中山）龙头村的老乡。”[③]

特蕾莎·何·肖是广东籍华裔。她向作者解释说，在20世纪初期的秘鲁，广府人确实歧视客家人。“他们把契约华工叫作苦力，把苦力的后代叫作猪仔。是中国人民的抗日战争把广府人和客家人团结在了一起。”[④]“作为第二次世界大战期间的重要事件，日本发动了侵华战争。这场战争强化了中华通惠总局在所有华人移民当中作为联合统一机构的作用，并且使其成为秘鲁华人捐款资助中国人民抗日战争的领导中心。”[⑤]

当一批呼吁血统与文化特质必须纯正的新移民抵达秘鲁的时候，又在秘

---

① 除了中国的基础教育，华人移民在秘鲁出生的子女被送回国内主要是为了学习中国文化传统。在华人移民看来，这样做会让他们的子女更好地学习中文并强化他们的中国身份。但这一身份有时也成为他们回国之后在土生内部产生矛盾冲突的原因。

② 在华人社区内部，存在着“纯粹”华人因社会经济因素对土生的明显歧视。但在土生群体内部，也有一个等级的划分：一是那些回国读书会说汉语又了解中国文化的土生，二是那些在秘鲁学习汉语的土生，三是那些不会说汉语而且与中国传统没有任何关系的人。

③ 蒂诺·古斯曼·甘“客家人在秘鲁”小组内的文章，https：//www. facebook. com/groups/HakkaPeru/?ref=bookmarks。

④ 对特蕾莎·何·肖的采访。

⑤ 两个重大事件使海外华人团结一致：一是对孙中山先生推动成立的中国历史上第一个共和国的支持，二是作为第二次世界大战一部分的日本发动的侵华战争爆发后海外华人对抗战的支持。这种支持体现在海外华人募集钱款捐赠给国内。

鲁包括客家人和广府人在内的“真正”的中国人与他们在秘鲁出生的后代面前打开了扇子的另一个褶皱[①]。那时，华人社团不完全承认第二代移民的土生子女具有华人身份。这就是秘鲁土生联合会成员当时所面对的困境。但正是因为该联合会通过确立土生的文化身份，巩固了他们与中国根脉的联系，为华人华裔社区的团结做了许多工作，从而在秘鲁社会中找到了自己的位置[②]。

秘鲁土生联合会在其1961年12月出版的会刊创刊号《发刊词》中表示：“引领我们集合在土生联合会旗帜下的主要原因是：我们坚信不疑，一个人的真正价值不应该以其拥有的财富、他的出身或他的信仰来衡量，而是以其准备为人类美好的未来所做的贡献来衡量。我们力争把所有华人及其后代汇聚在一个‘朝气蓬勃坚强有力的社区’里。这样一个社区是建立在尊重、合作和互助的坚定意愿基础之上的。我们相信，这样的目标是可以实现的，因为它是我们每一个人所期盼的。”[③]

1999年，秘华协会（La Asociación Peruano China，APCH）这样强调促进其成员团结一致[④]的原则和价值观：“言必信，行必果，爱劳动，敬老者。”正是这些观念构成了古代中国文化传统的核心。对包括客家人和广府人在内的华人社区大团结的不懈追求以及对中国优秀价值观和传统的坚守与发扬成为该协会的一面旗帜。协会及其领导人通过其成功开展的活动所树立的形象使得该协会赢得了秘鲁社会的高度评价[⑤]。

中华文化特质与土生身上的文化特质之间的差异随着一代又一代华人华裔的繁衍生息逐渐显现。第三代土生已经自认为是带有遗传自父辈的中国文

---

① 在中国曾经存在着对海内外中国人与外国妇女所生子女的歧视，从用以指称这些子女的词汇即可看出这种歧视——通常会称之为“混血儿”。但随着改革开放后人们观念的变化，这种歧视也在渐渐消失。

② 第二代土生——特别是那些与中国父亲和当地或土生母亲一起长大的人——的这个身份特点是建立在从家庭——有时也从学校——那里接受到的价值观、原则和传统的基础之上的。这一身份特点与其家庭成员的专业成就和社会声望密不可分。

③ 秘鲁土生联合会：《发刊词》，《秘鲁土生联合会会刊》1961年第1期。

④ 秘华协会接纳会员时没有关于入会者属于哪个民系的任何限制。

⑤ 秘华协会：《机构介绍》，https://www.apch.com.pe/nosotros.html。“数代土生梦寐以求的是生活在一个紧密团结的华人社区里。在他们的这个长久的呼声的感召下，为了使我们这个在秘鲁人口最多并对国家发展做出了最大贡献的土生群体更加团结并发挥其主导作用，我们决定于1999年成立秘华协会，以便承担起保存、传播和发扬我们祖先的优秀道德、传统和习俗的责任。”

化基因的秘鲁人[1]。他们内心追求的是挽回丢失了的中国文化因素。他们从未面对过第二代土生曾经面对过的必须夹在两个世界之间生存的内心苦闷——第二代土生追求的不过是确定和接受自己的土生身份[2]。但是，这一切也都处于变化之中。

华人移民在评估其后代是否具有华人身份以及是否可以把他们划入华人社区的时候做出了否定的回答。构建并确认土生身份曾是第一代土生面对这一否定做出的自然反应。但是，除此之外，构建并确认土生身份也是为了面对秘鲁社会对所有关于中国的人与事甚至连累到第一代华人的后代所采取的种族主义态度和诸多偏见。在这两种情况下，土生所寻求的是两方面——华人社区和秘鲁社会及国家——对他们的承认。但这是一个漫长的过程，秘鲁华人后裔沉浸其中的时间太久了[3]。

在这个“土生”的烙印之下，客家人与广府人已经没有了太大的区别。他们的身份是秘鲁的，但同时保留着“土生特质”。所谓土生特质，指的是在土生家庭里接受的历久弥新的中国价值观以及他们自己这一代独有的其他特质。这条回头寻求其中国血脉的道路在很大程度上已经被新中国清扫干净并被照耀得无比光明。把二者连接在一起的看似无形却十分坚韧的纽带正是这个“土生特质”。一股东风[4]正在劲吹并推动着第三代土生有朝一日踏上这个路程，相信这会更加强化他们的秘鲁身份。

威利·黄云鹏的以下思考概括了他关于身份的观念：“我喜欢‘老乡’这个词——仿佛它带我在时间里飞翔。自我小时候从父母和叔伯们嘴里听到这个词，只要听到人家说出这个词，我就会既高兴又感激地回过头去，并且冲他（或许也向接纳了他的这片土地）点头——不是讨好谄媚，而是表达朴

---

① 见2014年至2017年间作者亲自对第三代和第四代土生的不同群体做的采访。

② 曾在中国国内念过书的第二代和第三代土生确实在其人生中遇到过这种不确定的身份二分法。“在秘鲁觉得自己是中国人，而在中国又觉得自己是秘鲁人”，这句话或许最能表达他们的矛盾心理。

③ 秘鲁土生联合会在其会刊创刊号上发表的《发刊词》中说：“在不确定能否实现自己愿望的焦虑和必须适应当下生活和社会现实的坚持中，几代华人蹉跎了自己的一生。面对社会上各种问题、失误和不公正——即便闭上双眼也仍历历在目——他们深感自己的软弱无能。”

④ 秘华协会青年华裔（APChinitos）是秘华协会中的一个青年群体，他们是寻根活动的积极分子。此前曾有职业青年组织“龙的传人”，也是秘华协会内部推动成立的。

实的、发自内心的、尊敬的、友好的情感。这是对生活在利马的不论是广府人、客家人还是紧密团结在一起的几代土生发自肺腑的致敬：你们好，我的老乡！”①

第三节　找回遗产

土生依旧保留着的最大的遗产是中国传统的价值观。这些价值观是作为对子女成长的标准在他们每个人的家庭里传承下来的，也是土生文化身份中无时无刻不发挥着作用的精髓。但是，中国文化遗产的传承在有些情况下却是无声无息的，并不被土生的后代子女所察觉、认识或分辨。例如，20世纪中叶的第二代土生子女还仍然认为自己是客家人或广府人，因为他们了解当年民系对立的原因。但是再往后的几代土生就只自认是土生而不在意民系出身的问题了。

中国道德遗产是由传统价值观组成的，它经过数代人的传承而历久弥新，尽管这几代人并未与他们的中国根脉有过直接接触。在第三代和第四代土生中，被强调最多的有三个方面：第一是教育（被认为是进步、上升的基础），第二是金钱（被理解为节俭积蓄的结果），第三是家庭（从广义上理解并强调长幼、孝悌、尊老等原则②）。这三项当中，最受重视的也是使他们一生受益最大的是第一项：教育。

在中国的传统中，教育是与在1905年被废止的科举制联系在一起的。科举制是通过一系列严格的考试选拔政府官员的制度。在这个制度中，不管参加考试的人来自什么社会地位和经济状况的家庭，都被一视同仁。尽管大多数人出身贫困，没有接受过很好的教育，但他们都是教育改变命运的见证

---

① 威利·黄云鹏“客家人在秘鲁”小组内的，https：//www. facebook. com/groups/HakkaPeru/?ref=bookmarks。

② 说到家庭成员们的回忆，土生青年一致认为，他们在自己家里学习到的价值观——对于他们的成长具有决定性的意义——都来自中国的道德遗产。有些人指出，是他们自己结婚成家之后才发现原来是这么一回事，而且他们跟自己的另一半一起验证了这是普遍的现象。见作者对第三代及更晚的土生和20世纪80年代以后出生的土生的采访。

人[①]。面对这样一种前景，投资于子孙的教育便是确保拥有一个更美好未来的有效手段。在中国国内，客家人曾信奉学而优则仕，而海外华人则在家庭经济状况稳定之后也选择教育作为上升通道[②]。

金钱作为人生目标（致富）是中国道德传统的第二个重要遗产。自古以来，金钱总是与致富得福相联系[③]。秘鲁的早期华人移民不仅想方设法摆脱贫穷，而且从未停止寻找致富的道路。追逐财富是随着家庭的建立自然而然产生出来的一种义务。能不能使自己的家庭生活变得越来越富裕是衡量一个人是否成功的重要标志。

中国传统中另一个与金钱有关的是节俭与积蓄的观念。节俭与积蓄有多重功效。它是可以帮助家人应对不时之需的法宝，也是一个家庭投资未来的基础。但最重要的，节俭与积蓄可以考验一个人能否正确理财。在客家人社区内，由于男人们长期出门在外，女人作为家庭的主妇一般都掌握着家庭的收入，不单负责如何使用和分配全家的收入，而且有责任节俭持家以增加积蓄[④]。

中国道德传统中第三个价值观是广义的家庭。这里，长幼、孝悌、尊老是保证家庭运转的要素。从古代的中国开始，一个家庭就代表一个家族，同时也代表着一个人的最高价值观。这意味着，每个家庭成员都应该为家庭的利益牺牲自己[⑤]。但中国的家庭并不局限于简单的父子二辈关系，而是扩展到家族内全体有亲戚关系的成员身上。每个成员在这个家族内各个等级中都占

---

① 郑若玲认为：“科举制允许自由报名，使大多数民众得到了成为政府组成人员之一的可能性。科举制是普通百姓社会地位上升的唯一通道，因此普通百姓对参加考试表现出空前的热情，为建立一个广泛动员和稳固结构的社会打下了基础。”见郑若玲：《科举、高考与社会之关系研究》，华中师范大学出版社，2007年，第67—68页。

② 好几位学者都强调客家人群体中教育所发挥的重要作用，尤其与广东其他地方群体相比。

③ 罗世烈认为：“说到财富，孔子认为人们可以并应该追求，但必须有一个前提，即考虑这样做的时候是受怎样的道德原则指导。”见罗世烈：《孔子学说研讨》，巴蜀书社，2013年，第150页。

④ 据客家人后代说，积蓄与投资的机制之一是参加客家人群体内的“fuy”（会）。每个群体的成员之间都极度信任。只有由“老会员”介绍，才能允许新会员加入。

⑤ 高望之认为：“假如我们探寻孔子提倡的仁爱的本质，那我们就会发现它是建立在孔子家庭价值观的基础之上的。在家庭之中，父亲和兄长是居于首位的，因此特别强调‘孝’与‘悌’。人首先应该爱自己的家庭，也就是说，爱自己的父母、兄弟和其他成员。孔子学说的主旨之一就是爱自己的家。”见高望之：《儒家孝道》，江苏人民出版社，2010年，第69页。

有自己固定的位置[①]。这种家庭的价值观源自古代的中国。那时，在一所房子里，共同居住着至少三四代人。这也是客家人在土楼[②]里的生活方式。

除了客家人世代传承下来的这三个中国道德传统的遗产，从早期定居在秘鲁的华人移民家庭到他们的第二代和第三代子女的家庭中，在客家人后代身上还明显存在着一些虽然不是其专有的但也是十分与众不同的特点，这就是家族内部或客家民系内部通婚和皈依天主教。

家族内部或民系内部通婚的传统直至20世纪仍保留着，尤其是在第二代后裔中。至于第三代后裔，他们分为两种情况：一种是与其他土生通婚，无论其属于什么民系；另一种是与没有华人血统的秘鲁女人通婚。说到宗教的影响，第二代和第三代后裔在中文学校里的天主教教育使他们的生活方式更为保守，同时并不刻意寻求其中国根脉——当然在这方面后来也有所改变。

根据作者对许多客家家庭及其秘鲁籍后裔的一系列访谈[③]，至少可以看出这一群体的三个特征。首先，这是一个封闭的群体，其特点是面对一切陌生人，即不是自己家庭的亲戚和朋友的所有人均采取谨慎、保守和小心的态度。其次，妇女发挥着特殊的作用，她们通过外祖母—母亲—女儿这条血缘的线索对家族进行有力且有效的管理。最后，出于教育和就业的考虑，第三代成员向外移民（很少有回迁的情况）。此外，还有一个特征，即除了与中国国内的联系，客家家庭还同时有许多成员生活在其他多个国家，他们之间都保持着密切联系。

在上述三个特征中，第二个尤为突出。特别是客家外祖母[④]，作为家庭的核心、价值观的传承者和家族的引擎，她们一直保持着客家妇女的传统形

---

① 辈分及亲疏的等级对于中国家庭功能的良好运行如此重要以至于每一位成员在家庭之中的位置都有其专门的称呼，因此家庭中的每个人在他们的家世谱系中的位置及其与别的成员的关系都很清晰明了。

② 土楼是福建客家人最有代表性的建筑。但其他省份的客家人也有自己独特风格的建筑。

③ 几次最主要的采访见本书第六章。

④ 克里斯汀·霍克斯、詹姆斯·奥康奈尔、尼古拉斯·布鲁顿·琼斯等：《祖母、更年期和人类生活历史的演变》，《美利坚合众国国家科学院学报》1998年第3期。

象[①]。从客家人的第一次移民浪潮开始，由于父母的缺位[②]，外祖母在家庭中的地位就一直没有改变过，她们担负起照看外孙并向他们传承客家人价值观和传统习俗的任务。她们并未移民，移民外出的是她们嫁出去的女儿，她们的女儿在秘鲁建立了新的家庭[③]。

第一代移民出去的女性后来做了母亲，并把自己在家庭中的作用转移给她的将成为第二代移民的长女，而这些长女成为或者试图成为她们的母亲在镜子中所看到的自己。她们生活在有时候是完全对立的两个世界——客家人社会和秘鲁人社会的夹缝里。等第二代的女儿们也结婚，已成外祖母的第一代女儿们就担负起照顾在秘鲁出生的孙辈的活，因为自己的丈夫和女儿的丈夫都要出去工作。这一模式使得客家人的文化和道德遗产直接从第一代传递给第三代，尽管有时候在传递过程中可能出现个别不一致的地方。

后来发生在第三代特别是其中长孙们身上的事情是因为与第二代的母亲们不同，在她们面前出现了可以质疑或可以讨论的空间。但无论如何，她们始终没能摆脱这种默默的反复传承，而在许多情况下，她们自己都没有感觉到这种反复。就是在这种默默的反复传承中，她们毕竟接受了诸如关于“牺牲”、“拼命工作”和（直接或间接地）承担对家族的“责任”等传统观念。有些孙辈的人移民到了别的国家去寻找别样的未来，并随之在秘鲁、土生和接受自己的国家之间重塑了自己的身份。在客家人永无休止的迁徙移民过程中，也有许多人回到了自己的根脉所在地。

在作者与客家移民后代的家庭的访谈中，外祖母或者母亲的形象要明显比其他家庭成员突出，有时候她们发挥着使家庭保持团结祥和的作用。在一次访谈中谈到广府人对客家人的歧视态度这个话题的时候，这家的一个成员说：“我不能否认，我长大之后认识了许多广府人，但他们都是好人。好几位太太经常来我们家打麻将，她们都是广府人。我的许多关于广府人不好的记忆都是小时候留下的。后来——我必须感谢那几位常来打麻将的太太——

---

① 主要是指与其丈夫一起或丈夫不在家之时独自挑起家族之长的重担所做各种牺牲和繁重劳动的一生。

② 做父亲的一般都因在附近乡村、城市或国外工作而不能常在家里。

③ 很多这样的女孩子通过亲戚朋友或“照片媒人”的介绍在国内或在秘鲁嫁给对方。

奇克拉约的华裔夫人们（这些客家移民的女儿定期在利马聚会。她们的母亲当年同乘一条船从中国来到秘鲁，因此结下了世谊。照片是作者与他们在一起时拍摄）

我还跟她们学会了一些广东话呢！”[①]

这条通向找回中国根脉的道路如今是一条光明大道。照耀这条道路的主要是今天中国在世界上的崛起以及随着中国的发展壮大和中国话语权的出现而产生的影响[②]。由于相距遥远，第三代土生的后代们中多数已经跟中国话题无关，他们已经不会说汉语，对中国思想文化已经没有深入的了解。但是今天，他们正在物理空间和精神空间上跨越大洋，走向一个“全新的中国”。

这些土生——在发明这个词汇的秘鲁，这个词汇融化并消解了广府人和客家人后代之间的所有差异——是新一代“龙的传人”[③]，他们为自己身上流淌着的中国血液而骄傲，他们被今日中国所吸引，他们要重拾与中国的联系。与前几代客家移民不同，他们没有经历过身份冲突带来的困扰，他们完

① 特蕾莎·龙“客家人在秘鲁”小组内的文章，https：//www. facebook. com/groups/HakkaPeru/?ref=bookmarks。

② 在国际舞台上中国以其对一系列重大问题的原则立场定义自己并树立自己和平崛起的正面形象。

③ “龙的传人”是包括秘鲁在内的世界各地华人后裔用在自己身上的称呼。

全认同一系列中国传统的价值观和观念，尽管有时候他们并不知道有些价值观和观念就是中国的。

那些很少或从来没有接触过中国根脉，或者说他们连一个中国籍祖辈（有时是曾祖辈）都没有接触过，或者与中国籍父亲也没有共同生活过的土生，常常是对重建与中国的关系最感兴趣的那部分人。童年时期，不一定是在完全中国环境中成长（但至少有一个土生父亲），但是有些规矩是全家共同遵守的。虽然按照中国传统的看法，和长辈们一起生活是最理想的情况，但是长辈有中国血统也不一定意味着他们的生活中必然会有更大的冲突。

“龙的传人”的称号越来越被土生的后代们所向往。在秘鲁，它是温贝尔托·罗德里格斯·帕斯托尔教授那部有名著作的标题，也是自2005年开始由秘华协会组织每年在利马举办的“土生企业家年会”的名称，还是秘鲁第三代、第四代土生中35岁至40岁青年专业人士与秘华协会成员共同组成的团体的名称[①]。在中国，“龙的传人”是侯德健创作的一支家喻户晓的歌曲的标题。

以今天中国在世界上取得的新地位，作为生活在秘鲁的中国人后裔，作为真正的“龙的传人”，土生们愿意成为架设在中国与秘鲁之间的桥梁。侯德健创作的歌曲唱出了土生们的心声：

表 4–1 《龙的传人》的中文与西班牙文歌词对照表

龙的传人	Herederos del dragón
遥远的东方有一条江， 它的名字就叫长江。 遥远的东方有一条河， 它的名字就叫黄河。 虽不曾看见长江美， 梦里常神游长江水。 虽不曾听见黄河壮， 澎湃汹涌在梦里。	Hay un río en el Lejano Oriente. Su nombre es Yangtsé. Hay un río en el Lejano Oriente. Su nombre es Amarillo. Aunque nunca he visto el Yangtsé, sueño a menudo con nadar en el río Aunque nunca he oído hablar del Amarillo, sueño con olas turbulentas

① “龙的传人”脸书页面，https：//www.facebook.com/herederosdeldragon/? ref=br_rs。

续表

龙的传人	Herederos del dragón
古老的东方有一条龙， 它的名字就叫中国。 古老的东方有一群人， 他们全都是龙的传人。 巨龙脚底下我成长， 长成以后是龙的传人。 黑眼睛黑头发黄皮肤， 永永远远是龙的传人。	Hay un dragón en el Antiguo Oriente. Su nombre es Zhongguo. Hay un clan en el Antiguo Oriente. Son los herederos del dragón. Crecí bajo los pies del dragón. Hasta convertirme en su heredero. Ojos negros，cabello negro y piel amarilla. Soy el heredero del dragón.
百年前宁静的一个夜， 巨变前夕的深夜里， 枪炮声敲碎了宁静的夜， 四面楚歌是姑息的剑。 多少年炮声仍隆隆， 多少年又是多少年， 巨龙巨龙你擦亮眼， 永永远远地擦亮眼。	Una noche tranquila hace cien años， profunda y oscura antes de la revolución. El ruido de las armas quebraron el silencio de la noche. Sitiada，la canción de Chu apacigua la espada. ¿Hace cuántos años retumban los cañones? ¿Cuántos años y cuántos más? Gran dragón，gran dragón，frota tus ojos Frota tus ojos y despierta para siempre.

注：歌词的西班牙文由作者译自中文。

第五章　八个家庭的故事

第一节　主角人物

一、刘月兰、甘惠莲：婚姻与家庭类型

引言

刘月兰出生于秘鲁，但两岁时被送回中国，其表姐甘惠莲也出生于秘鲁但六岁时被送回中国。二人均属客家民系，她们的父亲均是中国客家移民，她们自己又与先她们移民秘鲁的中国客家人结婚并组成自己的家庭。丽莲娜（Liliana）是刘月兰的女儿，出生于秘鲁，是甘惠莲的教女。她帮我联系了此次调查。谈话涉及许多话题，但主要集中于他们客家人群体的婚姻方式。

受访人的基本信息①

类别	西班牙文	中文
姓名	Natalia Com	刘月兰
姓名	Flora Wong	甘惠莲
刘月兰丈夫的姓名	Cam Tack On	甘达安
刘月兰家乡		福镬口
甘惠莲家乡		双甫村
安置村子①		东心村

① 根据丽莲娜的介绍，因修建水库，当时有9个客家人村子的村民被转移安置到广东省的惠东和惠州两地，其中包括她的母亲和教母。

家庭的组成部分

刘月兰　无论从父母、婆家，还是从教父母方面说，我们俩都很亲近。她（指向甘惠莲）和她的丈夫是我家所有孩子的教父母。为什么要认好几对教父母呢？只认一对夫妇当教父母就可以了。教父母也是家庭的组成部分。不管什么事情，自家人好帮上忙。

中国东西很贵

刘月兰　我是1954年回到的秘鲁，当时秘鲁的盐和煤油便宜得惊人，而在中国所有东西都很贵。在中国的时候，我干农活，也在厨房烧饭，得经常去买油、盐、糖，有时候也去买猪肉。那时候很少吃猪肉。家里菜园子的蔬菜能够自给。我结婚的时候已经20岁，我是1934年出生的。秘鲁当时的总统是（Manuel A.）奥德里亚。

亲上加亲

刘月兰　我到秘鲁是为结婚而来的。我跟我的姨妈们一起坐飞机来，一共十个人。要是坐船的话得走三个月。结婚之前我并不认识我的丈夫，只看过他的相片。我的姨妈有个侄子，就是后来我的丈夫。我跟我的姨妈是至亲，她跟我母亲是亲姐妹。我两眼一抹黑就来了，而且在这儿结了婚。

甘惠莲　我母亲是刘月兰丈夫的姑妈，所以，刘月兰的丈夫就是我的表哥。我这个表哥跟我母亲特别亲，亲如母子。我母亲跟他说："你要是想跟中国姑娘结婚，最好就在这儿的姑娘里挑一个，因为她们的想法跟你一样，也是东方人的，而且也能够帮得上你。我有一个外甥女，你要是愿意，我就给你们介绍。"他们互通了几封信，可是我表哥也不说同意或不同意。我就给我妈写了一封信说："你应该给他寄一张你外甥女最漂亮的相片给表哥。"于是我妈就给我表哥寄了一张刘月兰穿裙子和鞋子打扮得很漂亮的全身照片。我表哥看了挺喜欢，就说让她来吧。于是刘月兰就来了，而且来了之后就在这儿成了婚。

丽莲娜　我爸爸喜欢高个子的女人，因此他通信的时候总是不置可否。他不想生的孩子都是矮个子，那样的话孩子遭人嘲笑欺侮，怪难受的。

后来，我妈妈的证件照寄给他，那照片很小，我爸爸什么也没说。好长时间没回信，真奇怪啊——我妈妈长得一点儿也不丑。我爸爸嘀咕的是，一张证件照看不出高矮，看不出身材好不好。所以，后来就给他寄来了一张明信片大小的全身相片。其实，裙子是借的，挎包也是借的，只有鞋子是自己的。我表姑（甘惠莲）跟我说："我爸爸看了全身照高兴坏了，上台阶的时候都是一步跨三个台阶，就是因为我妈妈是高个子。他这才让人把我妈妈带过来。"

甘惠莲　我是在中国结的婚。刘月兰参加了我们的婚礼。我丈夫回到中国是为结婚的，跟我一样。小时候大人们把他送回国内念书，这也跟我一样。抗日战争爆发之前，他到秘鲁去打工。抗战结束之后，他从秘鲁回来，我们相识。我的大儿子出生在中国。刘月兰跟我都去了秘鲁，同一年去的，先后差了几个月。我们是1954年去的秘鲁，坐飞机，三天两夜，是在香港上的飞机。

教会学校

甘惠莲　我是六岁半的时候回的国，在澳门的一所修女们办的学校念书。我20岁的时候结的婚。回国的时候是坐船，再到秘鲁是坐飞机。那时候，所有中国老乡都把孩子们送回国念书。我小时候回国是跟姓甘的一个本家和另外一位太太三个人一起走的。我在澳门圣罗萨女子中学念完中学。这之前我还在广东省省会广州市的几所新教学校念过一段时间。抗战结束之后，回到老家。澳门的生活更洋气，我进的是天主教学校。我刚进圣罗萨女子中学的时候，修女校长问我是不是受过洗，我跟她说受过。她马上让我领了圣餐。我是在秘鲁刚刚受过洗的。在圣罗萨女子中学我学了英语，在家里都是说汉语。在秘鲁的时候我又学了西班牙语，可我六岁半回国的时候西班牙语说得一点儿也不好。

表姐妹间的感情

甘惠莲　放假的时候我就回老家去看刘月兰。我们家住在南关外面，那儿有一座桥，在桥下坐船就能去上学。她家住在中山，从我家到她家村子要步行一个多小时。其实，也可以走水路去。每次去，我姨妈都是煲粥招待我。

不念书，光干活儿

刘月兰　我是跟宝丽娜老师学的西班牙语，她专门教刚到秘鲁的中国人，她解释得很明白，也会画图解。她收养了一个秘鲁小姑娘，这小姑娘的中国话说得好极了。对我们来说，西班牙语太难了。我学得更困难，也不知道花了多少个月我才会写。在国内的时候，我们从来不念书，光知道干活儿。人家用西班牙语跟我问好，我也不知道怎么回答人家，因为我听不懂。每次张嘴说西班牙语，都要事先想半天。

——中国话说“肚子疼”，肚子在前，疼在后。

——西班牙语是疼在前，肚子在后，中间还要加一个de。

——中国话说“头疼”，头在前，疼在后。

——西班牙语是疼在前，头在后，中间还要加一个de。

都是反着的！

丽莲娜　我妈妈的西班牙语老师是宝丽娜·关（Paulina Kuan）太太。关太太跟她的丈夫收养了一个秘鲁小姑娘，这小姑娘的中国话说得棒极了。后来这姑娘（Karin Yong Kuan）在唐人街一家进口商号工作，能用汉语接待中国老乡。说来你都不信，是不是？

丽莲娜　我妈妈说所有秘鲁人说话都特别快。人家要买火腿（jamón），她听不明白。她听成了carbón（炭），或者jabón（肥皂）、cajón（盒子），不知道为什么她老是听成有a和ó两个音的别的词。

刘月兰　那时候我就一遍一遍地重复人家要买的东西，想确定到底要买什么。炭（cartón）？肥皂（jabón）？盒子（cajón）？到底买什么！

人家不会尊重你

刘月兰　刚到秘鲁的时候十分艰难。到秘鲁一年又三个月的时候，我就怀了孕，所以我就不再出门上街，后来整天跟尿布打交道。我想请一个保姆帮我带孩子，可我丈夫说：“你连西班牙语都不会说，请什么保姆啊！就是请来了，人家保姆也不会尊重你。”就这样好几年都是我一个人干，我不会使唤当地保姆啊。

亲吻生人

刘月兰　在中国，当面打开礼物是没教养的表现。而在这儿，人们都让我当面打开，而且还得说：“真漂亮，谢谢。”但我很不情愿。在中国，人们的做法是得到一个红包并不马上打开看里面有多少钱。在中国，我们从不当众亲吻。而这里到哪儿都得亲一下。怎么能够跟一个生人亲吻呢？我们没这个习惯。我是说，不能这样亲，这儿也不能亲。最多不过拉拉手。过了很长时间我才习惯这儿的礼节。

几家同住

刘月兰　我们三家都住在中央市场附近的一所很大的房子里。我在那儿住了25年，我丈夫住了50年。50年哪，吃饭、洗漱、干活儿、睡觉，都在这所房子里。楼上住人，楼下开店。我们住在楼上的时候，能听得到那台老旧收款机开关的声音。他也经常用算盘。后来我们搬到新家的时候，我丈夫还哭了，有点恋恋不舍。

丽莲娜　位于中央市场和国会大厦之间的那家进口商号是我们白手起家的地方。从外省来的人都住在那儿，从中国来的人也住在那儿，我们的熟人都住在那儿。

刘月兰　同村的老乡来了都在那儿吃，在那儿住。我们家住的是一所老房子、旧房子，每个房间都有三个门可以出出进进。我丈夫甚至把他自己的房间都腾出来让他们住。

甘惠莲　我在那里住了两年。后来我丈夫把我婆婆，还有没成家的小叔小姑接了来，人多得都住不下了，不得不搬出来。我们搬到了观花埠（Miraflores）。

男人现身

丽莲娜　我父亲名叫弗洛伦西奥·甘达安。他是1929年来秘鲁的，好像是奥古斯托·B. 莱基亚第三届政府时期。他来的时候很年轻。他喜欢摄影，到处游玩，还喜欢看电影。只要他休息，他就去看电影，早场、午场、晚场都看。他特别喜欢看，一天能看三场。他还看《商报》，遇到他不懂的单词，他就查他自己那本字典。多年之后，他在电视上看见玛嘉丽·梅迪娜（秘鲁著名电视主持人），他破口而出："看，是那个风骚娘们儿！"

刘月兰　他（指刘月兰丈夫）得记账，所以他练习的机会多。他早上六点开始干活儿，到半夜才睡觉，有时候忙到半夜两点钟。吃完晚饭他要整理账目。半夜才能整理完。整天都是进货的事情，他自己收货，清洗擦拭每件商品。他买来蓝色天鹅绒铺在货架上。

甘惠莲　他（指甘惠莲丈夫）家有一个制鞋厂的车间。他兄弟八个都在秘鲁。他小时候跟他的一个弟弟回国念书。我们也开过餐馆。我现在住在布艾布罗利布雷区。我一共有五个孩子，他们都会说英语。他们都是在美国念的书，毕了业就留在美国了，但有一个在我身边。

价值观与习俗

刘月兰　在中国，从前一切都是学孔子的，现在不了。人们的教养变得不怎么好，不像从前那么和蔼可亲。我们回乡旅游的时候，发现有些中国人对外国人比对中国人更殷勤。莫不是认为我们没钱？

丽莲娜　我父母是在这儿结的婚，为的是能让我们在天主教学校念书。周围的人都跟他说这样安排最好，他们就结婚了。他们尽了自己最大的努力办了婚礼。

刘月兰　我们在家里只讲客家话，做客家人的家常饭[①]，一切都按客家人的传统习俗办。

甘惠莲　我婆婆在世的时候，我们每年都过阴历八月十五中秋节。我要做许多月饼，让我小叔小姑下班回家来跟我婆婆一起吃。要是没做月饼，他们也就不回来了。从前，家人们都是礼拜天才回家团聚。

客家女人的发言权

甘惠莲　客家女人说话算数，她们理财持家，还管厨房。她们跟别的地方缠

---

① 1975年，刘月兰41岁的时候，开了一家"小兰餐厅"，她也因此成为当时利马市第一批做餐馆生意的女士之一。

小脚的妇女不一样，她们是天足。那时候，有钱人家的妇女每天晚上拿绷带给她们家的小女孩缠脚，好让趾骨缩小变形。虽然老用加了醋的水洗脚，但还是挡不住被缠部分的肉烂掉，而且流血，孩子们疼得直哭。要是不缠脚，长大了都嫁不出去。而客家女人个个身强力壮，都出去干活儿，没有人窝在家里。广府人妇女就不出门。我们都是农村出身，都下田干活儿。客家女人跟男人们肩并肩地在地里干。实际上，客家女人比男人们干得还多，她们不光下田，从田里回来，还得照看孩子。所以人们就说客家女人是用多出力多干活儿挣来的发言权和决定权。他们广府人把自己的女人当成家里的一个物件和摆设，她们自己也不出门，家里什么事情都是男人说了算。可我们客家女人有发言权。

每天写日记记录生活

甘惠莲　1983年我跟我丈夫回国。有人送了我一个日记本，也就是那时候开始我就记日记了。她（指刘月兰）总是问我："你每天写日记有什么用啊？"我告诉她，我每天晚上睡觉前要把白天发生的事情都记下来，要不的话，到第二天就都忘了。

刘月兰（右）与甘惠莲（中）在利马家中接受作者采访（丽莲娜拍摄）

我丈夫去世之后，我儿子把我带到美国参加他的婚礼。我们坐着他的车逛了好多地方。我这个儿媳妇是德国人，天主教徒，喜欢唱歌，她还让我教她一支中文歌儿。我是从小就爱唱歌。在车里我就教我的孙子们唱，我儿媳妇儿也学会了。我的几个孙子会说英语、德语，现在又学会了汉语。

民间智慧

刘月兰　在村子里，人们常说这些故事：

——“王子出门爱骑马，谁知马儿也会死。要想继续往前走，迈开双脚靠自己。”这话的意思是，人有时候必须做一件事才能到达目的地，他再不乐意做也没用。

——“行事耿直难糊口，婉转迂回是生活。若要不撞南墙上，必须学会走曲折。”意思是说，人活在世上，必须做到灵活应对、适应环境，才能顺利前进。

二、温锐基：奋斗，然后继续移民

引言

温锐基1939年出生在中国，24岁的时候跟母亲和两个弟弟到秘鲁与父亲团聚。他们与更早时候移民秘鲁的一个客家家庭同属一个家族。他在秘鲁结婚成家，并且为自己和儿女积累了相当的财产。他的儿女后来移民去了美国和澳大利亚。何莲香（Teresa Joo de Siu）是秘鲁出生的华裔，是温锐基的教母。她帮我联系了这次采访。访谈中涉及许多话题，但主要集中在新一代客家移民问题上。访谈中有何莲香的插话，已标注。其余皆为温锐基的发言。

受访人的基本信息

类别	西班牙文	中文
姓名	César Wan o César Pun①	温锐基
家乡	Hokshan o Heshan	鹤山

① 很多移民都有两个名字，这是因为他们的证件都是花钱买来的。这种做法在那时很普遍。以温锐基为例，他的真实姓名西班牙文是César Wan，而官方登记证件中则是César Pun。

家族中的早期移民

我大伯父早就来到秘鲁了，他是我家乡第一个到秘鲁的。我伯母不能生育，所以大伯父就领养了一个秘鲁小姑娘，又把她送回中国念书。她叫温莲香（Wan Lianxian），直到1970年才回秘鲁。后来1992年的时候去世了。她虽是秘鲁人，但一直在中国念书，已然是一个地道的客家人了。

兄弟同心

我父亲有四个兄弟，都在秘鲁。我父亲是9岁的时候由大伯父带到秘鲁来的。那是20世纪20年代。等兄弟们挣了钱，就回到家乡，在村子里盖了小楼房，他们兄弟四家都住进了楼房。小楼一共有二十多间房，兄弟几个特别心齐。从前客家人都是许多人家住在同一幢大房子里，方便自卫，也能互相帮助。

结婚与挣钱

过去，一个人的婚姻大事都是由父母决定的。我父亲那个时代，华侨结婚都要回国，而不能在这儿结。到这儿是来挣钱的，等赚了钱，就带回家去结婚。如果对方也是客家人，而且是同一个村子的，那最好不过了。我父亲在1937年日本全面侵华战争（1937—1945）前回国结婚，婚后又在国内住了两年。其间生了三个孩子，我跟我弟弟是双胞胎。然后他又去利马挣钱，把我们留在家乡，我父亲就再也没有回来。

父亲的秘鲁生活

我父亲在中央市场批发猪肉。他所有的朋友都是同陞会馆和他的家乡鹤山会馆的成员。大家都以同村老乡或者讲同一种方言为纽带团结在一起。那时候有相当多的客家人。大家在一起庆祝传统节日，一起去寺庙拜佛，一起坐下来恳谈。客家人聚会的时候大家只讲客家话，大家认为保存好客家人自己的语言是最重要的。我们家里从来没有人赌博，谁都没有那个嗜好。客家话跟广州话不一样，因为客家人的祖先是从中国北方移民到南方的，或者是为逃避战乱，或者是为度过灾荒饥馑。

连父亲都不认识

我是1963年11月9日带着我的母亲和两个兄弟抵达利马的。我的双胞胎弟弟1965年死于心脏病。到秘鲁那年我24岁。我是在国内念的书，而且毕了业。到秘鲁是为了跟父亲团聚，可是我对他一点印象都没有，我出生后就没有见过他。

求学广州

我出生后一直在鹤山老家，到1949年我十岁那年中华人民共和国成立才离开家乡去广州念书。我平日都住在学校里，也因此学会了广州话。新中国成立前，我们家是地主阶级，共产党来了之后没收了我们的土地。我们什么也没有了，于是我跟姐姐去了广州。我的小学是在家乡念的，去广州念的是中学。

在秘鲁结婚

我是在秘鲁结的婚，妻子是我老乡，百分百的中国人。我的儿女都说客家话。我和我妻子在外工作挣钱。儿子是我母亲带大的，所以他也讲客家话，就连在我家帮工的佣人也说客家话。

（何莲香："我父母曾经有一个黑人女雇员，她就学会了讲广东话，而且也习惯了我们的文化，后来还跟一个中国人结了婚。"）

移民，奋斗，再移民

我们的祖辈就是移民，是从中国北方迁徙到南方来的，刚来的时候都是光棍儿。好的地都被当地人占着，我们客家人只好到山里找地种，都是很小的地块。就跟秘鲁的阿亚库乔人来到利马的境遇一样，好地方都让有钱人占了，给他们剩下的都是像圣科斯梅（San Cosme）那样的地方。我们客家人只能到山里去种地。也是出于这个原因，我们客家人特别能吃苦，能奋斗，客家女人也特别能干。原先这儿的客家人更多，后来慢慢地搬走了，年轻人都移民出去了，剩下的都是老人。现在，我们家就只有我和我老伴儿。我的三个孩子有两个移民美国，一个在澳大利亚。年轻人都走了。我们村就是个移民村。第二代总是要移民出去寻找机会做生意的，外面的机会更多，更好找工作。

客家社团

秘鲁有许多客家人，不光在首都利马，在奇克拉约和伊基托斯等省份也有很多。古冈州会馆也有许多鹤山和别的地方的客家人。他们常在中国茶社聚会。古冈州会馆里有鹤山等一共五个地方（其他四个地方是新会、开平、恩平、台山）的客家人。这个会馆（成立于1867年）马上迎来成立150周年的纪念日。以前移民来的老乡更多，现在没那么多了，因为现在中国比这里强了。现在反倒不少人要回国去。

谢宝山是客家人

谢宝山是客家人，所有人都知道。人们都说他是赤溪客家人。他可能是从香港移民过来的，很有钱。从前移民来的客家人都很穷，做生意还得借钱。即便人家信任你，也得有人给你担保。现在大不一样了，过来的人都有钱，都是来投资的。现在中国人有钱了，甚至还有百万富翁。

葬在秘鲁

有了钱就回国盖房，然后再出去挣钱。有的没钱，连飞机票都买不起，他们回不去，就在这里终老。还有人挣了很多钱，但是也不想回去，宁愿死在秘鲁。我父母就葬在天使公墓，那儿葬着好多中国老乡。现在好多人都葬在宁静花园墓地了。

自己当老板

一开始我也跟着我父亲在中央市场批发猪肉。后来，我独立出来自己干，先开了个卖电器、家具、照相器材的商店，后来开了家餐馆。我去过乌拉圭，后来又去了美国，还在那儿开了家餐馆。这餐馆后来我留给了女儿（何莲香的教女），然后我就回利马来了。再后来，我就退休了。退休之后，在家里无所事事，我也快成了没用的人了。我开这个音像制品商店就是为了哄自己高兴。这个商店是1999年开张的。

温锐基在其位于唐人街的音像制品商店柜台

温锐基在唐人街的音像制品商店“The Winner”

为客家人骄傲

我为自己是客家人感到骄傲。我可以自豪地说，客家人勤劳、顽强、团结。客家人能说客家话、广东话、普通话，可广东人不会讲客家话，别的地方的人也不会。只有客家人会说这么多话。客家人总是说，“有阳光的地方就有华人，有华人的地方就有客家人。”

第二节　子女一辈

一、安赫莉卡·程：家族的女族长

引言

这是一段独特的家史。对程氏家族的调查对弄清楚客家人在家庭及其共同生活、财产及其共享等文化与价值观方面的情况极其关键。程氏家族的一切都围绕着老奶奶安赫莉卡·程而发生和存在。安赫莉卡出生于中国，结婚之后来到秘鲁并组建了一个大家庭。她的小女儿胡莉娅生在秘鲁。她向我讲述了她母亲和她家的许多故事。讲述中特别提到了特蕾莎·程——安赫莉卡的长女，也是程氏家族第一个在秘鲁出生的第二代人。莫妮卡是特蕾莎的女儿、胡莉娅的外甥女、安赫莉卡的外孙女，即程氏家族在秘鲁的第三代。特蕾莎和莫妮卡帮我联系了下面这一段内容极其丰富的采访。

故事主角的基本信息

类别	中文
姓名	安赫莉卡·程
丈夫姓名	何塞·程
家乡	广东省江门台山市赤溪镇田头村
抵达秘鲁年份	1937年

前往秘鲁

胡莉娅　我妈妈与另外几位妇女一起乘船前往秘鲁。这几位妇女后来都成了跟我家十分亲近的长辈。她们坐的船上有很多妇女，坐的都是三等舱，也就是甲板下面的船舱。她们在海上走了三个月。多数人都没钱坐更好的船舱。她们来秘鲁为的是跟丈夫或未来的丈夫团聚。他们都是通过书信结识的，也有的是在秘鲁的男人回家乡找的老婆。

娘家的情况

胡莉娅　我妈妈跟我说，她是家里唯一的女孩。我外婆留在了国内，不过她还有一个过继的儿子。我妈妈来秘鲁的时候，她那个过继的哥哥就带着我外婆去了吉隆坡。我妈妈说，她从来没有看见过她爸爸，她说她爸爸在她出生后不久就去了古巴，后来家里一直没有他的消息，他也从来没托别人找过我妈妈。

建立恋爱关系的方式

胡莉娅　说到我爸爸，他是回国经人介绍（这是最常用的方法，亲戚朋友或第三方介绍双方相识）认识我妈妈的。有的两口子是经人介绍认识并结婚的，有的是自己以前就认识的。还有些人是通过来往书信的时候互寄相片认识的。还有些是先前就认识但最终没成婚。我妈妈是经人介绍后与我爸通信。然后我爸爸回中国跟她结婚，最后把她带到秘鲁来的。

父母成婚

胡莉娅　我妈妈跟我爸爸结婚的时候是18岁，我爸爸比她大20岁或22岁。我爸爸早到了秘鲁，但是没跟任何人结过婚。他是我爷爷的长子。我爷爷在菜市场卖肉，很自然我爸爸也跟着卖肉。等他长大了，就回国找媳妇，就跟我妈妈结了婚。我爸爸是客家人，他老家离我妈妈的老家田头村步行需15分钟。

带着身孕漂洋过海

胡莉娅　我妈妈是1937年到的秘鲁。她是怀着我姐姐（指特蕾莎）坐船旅行到秘鲁的。怀孕旅行到一个陌生地方的艰难可想而知。同船也有其他夫妇，人很多。其中有一位姓甘，是到奇克拉约的。还有一位后来成为我们在帕鲁罗街上的邻居，就是德霍家的庄娇（Chon-Quiau）阿姨。我妈妈刚到的时候，住在叫作帕鲁罗的唐人街上。当时，那条街上住的都是中国人，在那条街上做生意的也都是中国人。

做生意

胡莉娅　我妈妈从小不爱念书，从来没上过学，所以也不会认字写字。但是如果她真学的话，她一定会学得很好。即便这样，她能够自立自卫，活得有骨气。她想办法给我们的生活安排得舒舒服服。我爸爸是个沉默寡言的人，不爱说话，而我妈却很外向。她总在打主算。

——“喂，咱们那个街坊要出让他的店，咱们该盘过来。”

——“妈，怎么盘呀，咱们又没钱。”

——“不哇，咱们去借钱。”

她更有魄力。就这样，我们慢慢攒了很多钱。

莫妮卡　她在理财方面嗅觉敏锐，敢冒风险，变着法子赚钱。没人比得上她！

莫妮卡　我认为，这跟她爱不爱念书没关系，那全是因为经济困难，根本没条件选择念书。

家业壮大

胡莉娅　我们兄弟姐妹一共四个。我爸爸后来不卖肉了，他在一家金枪鱼罐头工厂工作，他跟另外一位老乡在那家厂子有股份。我妈妈还在帕鲁罗她那家店里收购二手货，修理一番之后再卖出去。后来有一回她跟我爸爸说："你看，你就别去卡亚俄那个厂子上班了。"我大姐特蕾莎整天在家具店工作。我们又盘过来一家小店，家里几个人分头照顾这几个店。我最小，什么也不用干。就这样，我们的家业越来越大。

莫妮卡　据我听到的，那段时间我们家的日子过得很简朴。听完你们说的这些故事，我只能说，我十分感谢你们让我在一个不缺吃穿用度的环境里长大，并且让我有机会学习一个在我妈妈，肯定还有我外婆的眼里一定会"饿死"的专业。

比较与共存

胡莉娅　她好几次都说起中国，她总说："唉，中国的这个比这儿的好多了！"但她又很喜欢秘鲁。她常说："这个国家挺好，气候很好，吃的也好。"如果有人跟她说"阿姨，我要去美国工作了"，我妈一定对他说"干什么要去美国呀？全世界在哪儿不是工作啊？我看还是留在秘鲁好"。

莫妮卡　是，我外婆已经在秘鲁扎了根。她把这儿变成了自己的家，而且在这个家里两种文化水乳交融，分不出彼此，秘鲁和中国之间的文化没有明确界线。唯一能够让你知道你自己与众不同的办法就是在街上被人视为"中国人"，因为就连我们（在秘鲁出生的第二代人）小时候上学的学校也是秘鲁中文学校。秘鲁过去是而且现在仍然是充满机会的土地。

中国国籍

胡莉娅　有一天，我找她。

——妈，你又该交外国人居留证的20美元了。你干什么不申请秘鲁国籍呀？你都在秘鲁这么多年了。

——不，不，不，什么都行，唯独我的中国国籍证件不能变。我才不改国籍呢！

她就想保留她的中国国籍，从来没让我给她更换过国籍。我跟她说："你看，又要跑路，又要排那么长的队，何苦呢！"可她从来不认这个理。一直到去世，她都保留着外国人居留证和中国国籍。

她心里总想着中国，这就是她为什么一直不想改换国籍的原因。这是明摆着的。她喜欢秘鲁，但也不想因此不做中国人。

莫妮卡　一个人的根呀，不管在哪里，总是牵着他。

同时我也认为，这还跟70年代秘鲁政局不稳定有关系。那时候人们不知道明天会发生什么事情，所以保留双重国籍，或者保留原来国籍有实际意义。你家里要是真遇到什么有风险的事儿，你得有几手准备，得保留在走投无路的紧急时刻能为你打开的几个门路。另一个原因就是，对我外婆来说，中国是她出生的土地，是她成长的地方。她一辈子都忘不了。

叶落归根

胡莉娅　她回过四次国。她也去过吉隆坡两次，去看我外婆。后来有很长一段时间哪儿也没去，是因为病了。她去世之前一个礼拜的时候，打电话给我。

——你来一下，我想去中国。

——什么？你跟谁一块儿去？

——跟你。你带我去。

——好吧，等你病好了，我带你去。

但是，她再也没有好起来，她病得很重。病重的时候她跟我提出了这个要求，好像她预感到她再也去不了了。"我想去中国"，她说得很清楚。没多久，她就去世了。

谦卑的家庭价值观

胡莉娅　1976年我们盘过来中餐馆的时候，生意很不好，因为董事会人太多，有十三四个董事。董事太多就总有解决不完的问题。我们买下餐馆的时候——那块地皮我们家已经买了过来——有老乡到餐馆来跟我妈说。

——阿娇（安赫莉卡别名），你怎么这么傻呀？这么一个不赚钱的买卖你买下来干什么？

——是，大叔（对年长者的亲热称呼）！我特别傻。

她就这么温顺地答道，从不跟人顶嘴，她也不生气。后来，人们又都这样跟她说。

——你现在的生意真好哇！

——不行。生意马马虎虎吧，也就是混碗饭吃。

她从来不说："是，生意不错。"

她总是跟我们说："应该谦虚，不能显摆。永远不能自满，不能感觉自己很不错了。总会有人比你还强。"

莫妮卡　我外婆这话说对了。从我自己的角度说，我明白了为什么那些自卖自夸、自吹自擂的人难以使我产生信任。另一方面，这也说明了为什么我不喜欢自我吹嘘（应该说，她的孙辈里大多数，虽然不是所有，也都跟她一样）。"低调为人处世"是我外婆以"高调、激进的方式"给我们留下的教诲，至少我个人是这样认为的。

应该帮助家里

胡莉娅　我妈妈有一个难以置信的第六感。比如你问她什么事儿，她总是回答得很准，很少弄错。

有一回，我丈夫要从国内带两个外甥来秘鲁。我妈妈总是对他说："应该帮助家里人。"我丈夫是很孝顺的，他分别帮他两个妹妹带出来一个儿子。我们去机场接他们俩，到利马后直到我们家吃早饭。一个是高个子，另一个矮一点儿。两人走了之后，我问我妈。

——你看两个孩子怎么样，妈？

——那个矮个子憨厚，高个子有点儿麻烦。

两年之后，她的话应验了。那个高个子不听话。我丈夫给他们俩安排工作，教他们怎么干活儿，把两人带到了餐馆，先让他们学西班牙语。矮个子很安静，高个子不听话。带他去了自己就跑回来了，又带他去，他又自己跑回来。我妈跟我丈夫说："你知道吗？你得说他，不能让他去了之后自己想跑就跑回来。"

我丈夫跟他谈了，他才不那么任性。我丈夫帮他们俩在伊基托斯开了店，借给他们钱。现在两人的生意很好，完全独立了，还把他们自己的弟弟妹妹带了过来。真是一个带一个。结果有一个开了养鸡场，有60名工人。我听了这消息都很吃惊，跟我丈夫说："你看，他比咱们都混得好。"多好啊，真让人高兴。

莫妮卡　全是我姨父妹妹的儿子！你发觉没有，一般都是"儿子"，而不是"女儿"。但是，这个不听话的人的妈妈是我姨父的妹妹。我想我姨父的兄弟们早已给他们自己的儿子做了安排。肯定是这么一回事。我认为我外婆看问题看得很准。

说中国话

胡莉娅　那时父母和孩子的相互关系都十分尊重，比现在更严格。虽然不会拥抱、亲吻，但你能感觉到他们很疼爱你，他们为你操心。

莫妮卡　这种关系也存在于我父亲和我们这一代人之间。亲吻面颊表示问候是个礼节，利马这里都是这个习俗。但是没有那种使劲拍打式的拥抱。甚至，如果某个人对他的朋友这样使劲拍打后背表示问候，他的这位朋友会觉得某人很过分。

我跟我姨的看法一样，一般在家里没有过分的身体接触的亲热表示，因为你一回到家里就能感觉到是在最能让人放松下来的家人身边。依我们孙辈的人看，在日常家庭生活各方面，比如大家一起坐下来吃饭、过年过节、庆祝生日，或者是平平常常的日子里，都表现出家人之间的亲情。

胡莉娅　我和我兄弟姐妹这一代人从来没有什么生日庆祝活动，但是孙辈们从一周岁开始就年年庆祝。我们的境况已经比我父母那一代好多了，也许我们是以另外一种观点看待生活。

传承下来的中国习俗

胡莉娅 我们晚上吃饭的时候，我爸爸老是说："你们好好用筷子吃。"我们一说西班牙语，他就跟我们说："讲广东话。"有时候，我们兄弟姐妹之间要说点什么就避开他。如果有人送我一个礼物，他就会说："你不能当着人家的面打开！"在西方，受礼的人就当面打开。人家要送我东西，我不能马上就接受，我要先看看妈妈怎么说，她要是同意，我才能接受。有时候我妈会说，"咱们中国跟这儿相反"或者"西方跟咱们相反"。反正她总说不对、不好。在我们看来，她才是跟大家相反的呢。

住在大院的人亲如家人

胡莉娅 我感觉特幸福。我的童年特别美好、平静、幸福。我们住在只有一条通道的一个院子里，在一个两侧都是住房的小街上。住在院子里面的都是老乡。他们大多数是只身来秘，他们的老婆几乎都在中国。他们都特别喜欢我们这些孩子，把我们当成自己的儿女。我们住在大院里一个拐角的地方，有一间小饭厅、一间小卧室。我哥哥姐姐们睡在高处隔板上，我跟爸爸妈妈睡在下面。厨房也很小，没有卫生间。要是想洗澡，必须到街上那间唯一的只有一个淋浴喷头的卫生间去。不过一切还都正常，从来没觉得缺什么或者不方便。

攒钱，投资，置业

胡莉娅 对我们来说，钱有一个特殊的用处，还得保管好。我妈妈老是说，不能胡乱花钱，要攒着，将来再投资。这就是她一成不变的计划。她手里攒了一些钱，有时候她看着这些钱说："有人正在卖那个楼房。"于是她就再跟别人借钱把那个楼房买下来。后来，法律不允许扩建，楼房没办法赚钱，她就说："好吧，那咱们家就都搬过来住在这儿。"

都是我儿女的

胡莉娅 她买了一块地。律师跟她交流。

——安赫莉卡，地契上也写上你的名字。

——我不写我的名字，我要写我儿女的名字。

——不行，安赫莉卡，也要写上你的名字。你的女婿也许会变坏，那就麻烦了。

——不行，必须写他们所有人的名字。

要是在银行开个户，她也必须写上她四个儿女的名字。当然谁也不会动这个账户，大家都听她的，一直到有一天她说："咱们用这个钱干这件事。"孩子们里谁也不会说："有我的名字，也有我一份，我要取100块钱。"

尊重

胡莉娅　他们就是这样教育你的，你就得尊重他们，照着办。从小到现在，我跟我的兄弟姐妹没有过任何矛盾，有的人家就不是这样。钱的问题很敏感。不知道是不是我妈妈在这方面一直很讲规矩，而且很严格，你不知不觉中受了这样的教育，而且你也严格照着做。谁也不干涉谁的生活。有时候，我跟我的兄弟们说："你为什么不好好享受你现在的生活？"我会这样劝他们，他们要是不想听，不去做，也就随他去。有好几回，我跟他们说："过两天我去旅行。"他们问我："啊，什么时候回来？"就这些，别的再也不问了，什么"你上哪儿去？""跟谁去？"都不问。大家都很有分寸。

女儿是母亲的左右手

胡莉娅　我妈妈说不好西班牙语，我大姐特蕾莎就当她的翻译。我妈去找律师、上公证处，不管去哪儿，特蕾莎都跟她一块儿去。我妈有这个福气。

我们兄弟姐妹之间很少吵架，但是有的人家怎么吵架的都有。我们都很尊敬特蕾莎大姐，我们都照她说的去做。比如她说："咱们买辆新车吧，现在这辆太旧了，老是出毛病。"她去问妈妈，妈妈说："如果新车很好，那就买。别想买又不买，犹豫不决。"所以，我们都照我大姐说的办。

什么事情我姐姐都问我妈妈的意见。比方说，我们想改造卫生间，我姐姐就说："我喜欢这样的马桶，可妈妈你喜欢哪样的？"——"那就换成你喜欢的那样的。"她倒不是怕事后妈妈不高兴，她这样做不过是想照着妈妈的做法处理事情。她十分尊重妈妈。

莫妮卡　我证明。我外婆的话是金科玉律，我妈妈就是她的左右手。

做中国人

胡莉娅　像我一样，就这样做一个中国人，我觉得很幸福。有好多人说："我不想做中国人。"我丈夫的好多中国朋友都对我说："你真是个中国女人。"我就说："对，我要尽量做中国女人。"我哥哥维森特成天盯着中文频道，整天看。他各方面都像个中国人。胡里奥更内向，不咋呼，很少说话。特蕾莎更像我妈妈。

女婿通过审查

胡莉娅　我姐姐特蕾莎跟曼努埃尔相爱，我妈妈什么也没说。曼努埃尔是土生（中国人在秘鲁生下的孩子）。他父母住在离我家不远的地方，但是不认识我们。我丈夫跟我没结婚的时候就很熟。突然有一天，感觉心里有一只小鸟在扑腾，我们恋爱了，相处了两年就结婚了。我们结为夫妻46年了。我刚认识我丈夫的时候，我妈只对我说了一句话："小伙子不错。"其他什么也没说。她从来不催我跟他快点结婚。我看着她，也什么都没说。这样的大事，她也不干涉我们。

学习理财

胡莉娅　"资产"是我妈妈最早学会的几个西班牙语单词之一。她不大讲西班牙语，因为发音太差，别人根本听不懂。有一回她去参加一个房产拍卖会，我姐姐跟着去。她想把这处正在拍卖的房产买下来扩大经营。因此，她担心另外一位女士把它买走，于是，她就对我姐姐说："再出个高价。"

有一次，我丈夫想参与一桩新的生意，因为没有经验，正在犹犹豫豫的时候，我妈对他说："参加吧，参加吧。这个生意不错。"她很乐观，总是鼓励，推动我们。她的商业眼光也好。

她喜欢投资，也是积极的推动者。她不满足于只在家里下厨做饭，别的什么也不做，稳稳当当地过日子。我爸爸就不这样。我爸老是说："你想投资的事儿想入迷了。"我爸想拦住她，但是拦不住。对于生意上的事，她有第六感。

我爸爸是个安安静静的人。我妈一跟他说："喂，咱对面那家要卖呢。要不咱跟他们去谈谈买下来？"我爸就回答说："买下来干什么？你别买了，现在这样挺好。"

我认识一位朋友，他的妈妈跟我妈一样。就说加马拉吧，三十年前谁想得到会变成今天这么繁华？他妈妈就在加马拉也许是圣博尔哈买了一块地。他妈妈也不会讲西班牙语，但是就能把地买下来。

齐心协力发财

胡莉娅　我们大家都帮着照料生意，尤其是我姐姐。她晚上念书，白天工作。她想上大学，但是我妈总是说："得干活儿呀！"我妈不同意我姐去念大学，总说："不行，得在家干活！"

莫妮卡　唉……说起这事儿我就想哭。我跟我妈妈聊起过上大学的事儿，我更理解我妈妈。所以，当我考上大学的时候，她用力地抱着我，那劲头大得恨不得夹碎我的脊梁骨。那是我从出生到18岁上大学那年她头一回那样拥抱我。

胡莉娅　我哥哥胡里奥也有差不多的经历。他中学老师找到店里跟我妈说："你儿子很聪明，他应该去接受高等教育。"但是我妈说："不行，他得在店里干活儿。"

我算走运。我比我哥哥姐姐小五岁。我姐姐跟我说："你去上一个英语学校吧。"我姐姐有她自己的想法。

我妈妈那个年代，大家只知道要干活儿。我们这一代也干活儿，但我也能念书。对我哥哥和我来说，什么游泳、钢琴、自行车都不存在。现在我们的孩子好了，能学芭蕾、钢琴、音乐。

一代人到一代人都慢慢发生变化。下一代就只知道念书了，不需要他们帮忙做生意，光念书。孙子辈只要他们乐意，还能念大学，当然也有不想念的。

现在人们的观念也不一样了，只要生活没困难，都念书。问题是第一代人的经济状况不允许他们念书或者学习别的。尽管念书花费不大，但对我妈妈来说，最重要的还是"干活儿、干活儿、干活儿"。

莫妮卡 马斯洛金字塔？这不就是马斯洛金字塔的具体实际应用吗？对不对？

胡莉娅 一直到她当了外婆，她才不管生意上的事儿。但她还是帮我们照看孩子，这样我们才能出去工作。"我来管孙子，你们去工作。"她常这么说。

莫妮卡 对，那是我最温馨的年代，大部分时间都是跟我外婆在一起。我和我的姐妹们和表兄弟们都在家里跟外婆一块儿。

和蔼可亲的阿姨们

胡莉亚 但是她也有她的乐趣，她总跟她的朋友们或者街坊们一块儿打牌。她有一副黑色的纸牌，客家人玩儿的那种，打开之后像一把扇子，玩儿一场下来要五六个钟头。她们在一块儿聊天，简单地吃点午饭，喝茶，吃面包。她们轮流做东，请大家到自己家里，很早就开始玩儿。

客家阿婆们玩的牌九。胡莉娅家人们把这些纸牌赠送给了作者

家乡的一座小茅屋

胡莉娅　她老家在田头村。我丈夫也是那个村子的，他还有一个妹妹和弟弟在那儿。我们去看过我妈妈的老家，一座没人住而大门紧锁的小茅屋。从广州坐大巴到那里只要两个钟头。村里的人都从事农业。现在没有那么多耕地了，各家的孩子们都在外面打工。

共享空间与私密空间

胡莉娅　她在我们家就是中心，许多事儿都围绕着她运转，比如工作、钱财细软、养育孙辈等等。她也是大家今天所拥有的一切的基础，这一切不光是物质的，也包括我们大家都认同的价值观乃至整个家庭。

她不会干涉你的生活。但是如果你去问她，她会给你劝导和忠告。我妈妈很平和，她会跟你说，“这样很不错”或者“好吧，还应该再等等”。她总是等着你去找她，而不是她找你。所以，我们大家可以在这个家里共同生活。

如果老有人掺和到你的生活里，你肯定受不了。我和我姐姐每天都见面。她跟我说：“明天我不去店里了，我要去看医生。”我问她：“你怎么了？”她说：“我头疼。”到此为止，我再也不问别的了。

我们家一共14个人。和两个佣人一起生活和吃饭。只有一个厨房，大家都吃一样的饭。是什么东西在维系这么大一个家庭？是烹饪。吃饭的时候，没有人对饭菜说三道四，有什么吃什么，没得说。

大家住在一起

胡莉娅　最初她去看地皮和房子。最后买了这块地皮。当初找地皮和房子的时候，我妈妈已经相中了两处住房，她很喜欢的。她已经了解到了谁是那房子的建筑师，谁是房东。

因此，我们买了这块地皮之后，就去找那位建筑师，然后就建造了这房子。开始的时候，我们兄弟姐妹都还没结婚。盖完房，我姐姐正要结婚，我妈妈对她说：“这房子挺大的，你干吗不住在家里。如果你不搬走，你还可以继续在店里工作，我们大家还可以在一起。”于是就这么办了。房子盖完，我姐姐结婚，她继续工作。

我的情况是，我妈妈跟我丈夫说：“我得给这一大家子干活儿，你们就搬过来住算了，又不是没地方。”他还干他的工作，先是经营那个农场，然后就开了一间中餐馆。我丈夫从没说过：“不！我干吗要跟这么多人住在一块儿？”他在家里住着挺舒服自在的，直到现在他跟我哥哥姐姐相处得都很好。兴许大家都有这个缘分。

当初我丈夫是这么跟我说的：“你妈刚才叫我，跟我说她希望咱们结婚之后还住在这儿。你说好不好？”我丈夫有他自己的家，在甘托·格兰德还有一个农场。我回答说：“你觉得行吗？”“行啊。”他说。于是乎就这么办了。我刚结婚的时候，在农场住几天，回家住几天，一直都在工作。

我结了婚，还留在家里住。有几回我跟我妈说。

——妈，我都结婚了，还留在家里住，人家外人会怎么说我呀？

——不用管那些！谁人背后无人说，不用理它！重要的是咱们过得好就行。

然后，我的几个孩子陆续出生了，我妈常跟我说：“我来照顾这几个孩子，你还接着上班去。”大家在一起工作很有意思，“团结就是力量”嘛，还真是这样。

孩子一天天长大，他们之间总是你打我闹的。我住在家里，跟我的三个孩子。特蕾莎大姐也有三个孩子。我妈妈常说：“孩子们之间打闹的时候，大人们别往里掺和。孩子们现在打，过一会儿就好了。”

真是这样，她说的实在太对了。那些年一晃儿就过去了。

尊重是和睦相处的前提

胡莉娅　我们相互之间都十分尊重。我从不介入到我姐姐的生活和她教育子女的方式中去，反过来也一样。我和我的兄弟姐妹都是孩子们很好的长辈，关键是大家都相互尊重。假如我不喜欢你的某种方法方式，我不说，也不会干涉，因为你是你，我是我。我们都不会跟对方说：“喂，你怎么这样呀？你弄这个干什么？”从来没有发生过这样的事。每个人对另外所有人都十分尊重。

莫妮卡　大家都不公开争吵。你跟许多人共同生活，他们老在你身边，你就应该聪明些，有些事情你就不要发声，谁也不是完人，尽量做得文明些。否则的话，那就争吵不断。谁愿意住在一个所有人整天吵吵闹闹的家里呀？

不厌其烦的家庭关照

胡莉娅　你下了班，回到家，你孩子们都换了衣服，吃完饭，安安静静睡下了。在这方面我妈妈就有这本事。虽然有佣人帮忙，但指挥调度都是她。

后来，孩子们大了，每当我跟哪个不听话的孩子生气，埋怨他们把我的话“都当耳旁风”的时候，我妈就说：“没关系，别看现在不理你，该说还得说，听进一点儿是一点儿。”后来，我就想，大概是这么一回事。我想的是，孩子左耳朵进右耳朵出，但是我妈不这么想，“听进一点儿是一点儿。你要不说，会更糟糕，该说总要说”。

莫妮卡　对，重复多次就明白了。没错儿！

以家庭为单位计算收支

胡莉娅　从来没发生过这样的事，比如“你得出100块钱的电费，你得出500块钱交这个费用”，从来没有过。我妈从来没跟我们要过什么。她总是说：“就这样很不错。每个人都踏踏实实地干自己的活儿，挣的钱放在一起再投资，再买一处房产。这才叫理财。”

其实，这样你会觉得很自在。我们从来不缺吃的。她从没说过“大家都掏钱啊，好上市场买菜”，大家都知道大家干活儿挣的钱都在家里共同的钱柜里。

我丈夫要负责交我们孩子的学费，我姐也一样。各人负担各人孩子的学费，但在家里没有需要我们掏钱的地方。

礼拜天属于大家庭

胡莉娅　直到现在，外出都是大家一起走，礼拜天我们一起吃饭，如果都到齐了，一共是16个人。幸好我们没有任何经济问题，每个人都有自己的收入。我们商量好了，我们四个人的收入之一专门用于家里的开销，包括礼拜天出去吃饭，剩下的四个人每人一份。从来没有过争执、麻烦。

有几次我跟我哥哥说，我要出去旅行，还不知道什么时候回来，也许一个月，也许半个月。他回答我说："去吧，好好玩儿。放心。"而不是说："快回来，你得跟我们干一样多的工作。"他不这样说。

所以我说，我绝对没得抱怨。这么好的一个家，身边的人这么好，生活得这么自在舒服。直到现在大家都和和睦睦。

工作，攒钱，再投资

胡莉娅　她总是说"要接着努力工作，攒更多的钱再投资"，她总想着的就是这个。再投资，这是关键。她很有眼光。大家共同生活，我从来没觉得有什么别扭。我觉得我生活得很踏实，我相信别人也是这样的感觉。谁也没说过"嘿，你怎么在这儿，你不能在这儿"或者"不行，我得走，我真烦透了"。从来没有过的事儿。

新的家庭成员

胡莉娅　先是曼努埃尔，然后是我丈夫。他们是我们家族的两个新成员。我妈常说，咱们的房子有点儿小了，还得想办法扩建，把花园去掉。她很聪明，又很讲实际。她对曼努埃尔说："咱们得去找建筑师，让他把房子扩建一下。咱们听听他怎么说。厨房也应该再扩大一些。"她就是这样，组织能力很强，也能实干。

我丈夫是中国人，曼努埃尔是土生中国人。曼努埃尔的父母都是客家人。我很少看见他生气。我认识他五十年了。他们俩的性格都很和蔼可亲，不是说他们驯服顺从，而是温良儒雅。说到底，是他们内心懂得为得到帮助，为得以进步而感恩。

家是避风港

莫妮卡　我跟我的表兄弟姐妹一起长大，他们就像我的同胞姐妹兄弟。我们一起上学，坐同一辆车，同一时间一起吃饭，大家自然会感受到某种关联。甚至我们一块儿淘气，一块儿受罚。当然，我们相互之间也争吵，但吵完亲情更紧密了。

我们刚一争吵，我外婆就听见了。她从来不体罚我们，但她的眼神特别凌厉，另外手里还拿着刀（莫不是要把我们切成小块儿？）。当然不是要对我们怎么样。家里有一个涂了红漆的梯子，扶手是金属的。我外婆就用刀敲打扶手，意思是告诉我们“我来了”。于是我们就都表示“哦，别吵了，别吵了。”大家都安静了下来。等我们到了隔板上面，大家什么事都没了。

我们也惹了不少麻烦。有时候我们弄碎了什么东西，谁也不知道是谁或者怎么弄碎的。在同一个物理空间长大的人会从中感觉到一种亲密无间，特别是你从小娃娃蛋子开始就跟别人一块儿共同成长，等你长大了你会跟当年的小伙伴有一种亲近感，感觉到有某种东西把你们聚合在一起。你们可以被一个大陆分开，但当你回家的时候，总会有人问你：“都好吗？你在那里做什么？有什么我能帮你的？”有一种很强劲的东西把你们连在一起。

那里是最安全的地方，谁也不会感到孤独。我的家就是这样一个地方。谁进了那扇门，都会被大家接受，就会变成这个家的一个组成部分。

二、贝尼托·德霍先生：家族的族长

引言

贝尼托·德霍·卡维洛先生和他的弟弟佩德罗是秘鲁德霍家族的创建人。德霍家族的故事可以追溯到19世纪贝尼托从中国移民到秘鲁北部，他的故事被他的孙子——乌戈·德霍·布斯迪奥斯——在家人帮助下搜集并撰写成书稿。这个书稿只在他的后人当中流传。贝尼托·德霍这段历史的价值在于它讲述了一个特殊的秘鲁客家家族的创建人，在19世纪太平天国运动时期从中国移民到遭受帕特里西奥·林奇海军上将指挥的智利军队入侵的秘鲁，进而培植了一棵枝繁叶茂的家族树。耶稣会教士胡安·德霍·本德苏——乌戈的亲侄子、贝尼托先生的侄曾孙——帮助作者联系了这次采访。书稿作者乌戈·德霍·布斯迪奥斯先生为本书提供了一份书稿影印件。

书稿的基本信息

书稿题目	《见证家庭温馨——向贝尼托·德霍先生致敬》
作者	乌戈·阿尔杜洛·德霍·布斯迪奥斯医生 （社会学家费德里克·德霍·索托先生协助）
成书日期及地点	2013年5月于利马
书稿中家族创建人西班牙文姓名	Benito Dejo Cavero（贝尼托·德霍·卡维洛）
书稿中家族创建人中文姓名	贺福宝
书稿中家族创建人生卒日期和地点	1848年9月18日出生于中国湘潭市 1914年9月18日卒于秘鲁特鲁希略市

书稿简介及致辞（节选）

我叫乌戈·阿尔杜洛·德霍·布斯迪奥斯，是贝尼托·德霍·卡维洛先生的嫡孙——我父亲何塞·贝尼托·德霍是贝尼托先生的长子。……本书稿是本人为纪念贝尼托·德霍·卡维洛先生而写作，之后又保存多时的私人作品。……本作品仅供确为中心人物的家族成员们阅读。

素材来源

本书稿素材主要由贝尼托先生之长子何塞·贝尼托先生在秘鲁亲自提供。……同时包括本人儿时偶尔听到，但因年纪幼小尚未具备相应理解能力而未予深究的家族成员谈话内容，以及他们对祖父贝尼托的评论。

出生

贝尼托1848年9月18日出生于今湖南省湘潭市①，童年及少年初期恰逢太平天国运动。其家庭成员均为客家人。

出国

贝尼托离开中国时14岁或15岁。根据他的年龄推算，他不属于最早移

① 虽然湘潭汉语普通话拼音为Xiāngtán，但在秘鲁市政登记处的文件中被拼写为Shantan、Siantan、Siangtan或Santan。德霍家人回忆说，他们是按Santan来发音的。这一案例反映了在确定移民们的中国家乡的名字时所遇到的最大困难。

民秘鲁的华人，而属于1862年或1863年移民的一批。此外，移民必须是成年人，年龄应在18岁以上，故他可能通过某位中间人做了个别安排，以免登船时受阻。他是经由澳门港口出境的。其时，因香港口岸临时封闭，澳门港口是当年移民主要的离境口岸。

抵达秘鲁

贝尼托可能于1862年抵达秘鲁。他是乘West Ward Ho号轮船于当年6月17日到达卡亚俄港的，该船吨位为1102吨，船上载有457名中国人。巧合的是该船船名中的Ho与贝尼托中文姓氏的西班牙文拼写完全相同。

移民动机

贝尼托幼年和少年初期恰逢太平天国运动如火如荼之际，而其所在的城市又是该运动的盛行地之一。地方战乱的负面结果是，数量庞大的不同社会阶层的个人和群体加入到移民大潮当中，以逃避战乱，有些甚至远走海外。

父亲送行

讲述这些往事的人（书稿作者乌戈的父亲何塞·贝尼托·德霍）曾明确地告诉我，我的祖父贝尼托不是作为苦力来到秘鲁的。贝尼托与年幼其两岁的弟弟佩德罗是一个富足家庭排行靠前的两个男丁，他们登船远行时尚未达到苦力的最低年龄要求，这两点即是最好的说明。更重要的一个细节是，贝尼托和佩德罗的父亲给了他们俩每人一个装有黄金的小口袋，这两个小口袋在航行途中均存放在负责此次移民的头儿那里。这个细节是家人们聊天时讲到的。

痛苦的回忆

据说贝尼托的双亲后来被杀害了。家人回忆说，战乱中爆炸声此起彼伏，到处是熊熊大火，大批房屋被摧毁，哀鸿遍野，惨不忍睹。这样的悲剧也发生在贝尼托家里——他最小的弟弟哈辛托（Jacinto）被火灾中倒塌房屋的一根大梁砸中头部枕骨。正是遭遇了这样的不幸，贝尼托的父亲才决定把兄弟俩送上轮船远赴海外。

卷入太平天国运动

如此看来，我们可以肯定，贝尼托兄弟移民秘鲁与太平天国运动有关。

贝尼托的家庭可能以某种方式与该运动发生了关联，这种关联或是直接的，或是间接的，或是必须承受后果的。站在胜利者的立场上，贝尼托的家庭面临战乱之后被报复的风险。

何塞跟我们说过他个人对贝尼托处境的看法。何塞一再强调，贝尼托对他十分信任。所以，我们不用怀疑贝尼托话的真实性或有所隐瞒，根据其子何塞的讲述来了解他当年的真实处境。贝尼托作为当地殷实之家的一个成员，陷入太平军被朝廷军队剿灭后阴阳不定甚至飞来横祸的动荡时局之中。因此，他的身份与苦力的特征毫不相干。

2018年秘鲁天主教大学ALADAA大会上乌戈·德霍·布斯迪奥斯讲解太平天国运动

国内家庭的社会地位

贝尼托回忆说，他父亲的家很大，……每天都有很多人到他家去找他父亲。……他父亲跟清朝政府有密切关系。……他父亲的家从规模和重要性看就像一座城堡。

德霍家族的创建人

根据这些描述，我们推测，1862年家庭中最早抵达秘鲁的同父同母的兄弟二人——贝尼托·德霍和佩德罗·德霍是第一次使用德霍家族姓氏的人。这两个人是秘鲁德霍家族的创建人。

姓氏德霍的来源

贝尼托中文姓名的拉丁字母拼写是He Fo Pau ……

贝尼托初到秘鲁之时仍使用自己的中文姓名，他能完整无误地书写和地道地说出自己的中文姓名。……有一次，他对自己几个年长的儿女特别是何塞解释说，由于登记时很混乱，他临时杜撰了一个后来其家族使用至今的姓氏。在抵达卡亚俄港的时候，入境登记人员盘问了所有移民，以核对每个人的证件。德霍家族的姓氏是登记人员根据自己听到的发音把他中文姓氏转写成西班牙文的，亦即“德霍”（Dejo）这个姓是专门为他们兄弟俩造出来的。在中国，以前从来没有过这个姓氏。“德霍”这个姓就是这样来的。

自从这个姓出现在秘鲁北方社会，一直被认为是来自奇克拉约市或者兰巴耶克市。由于商业活动等方面的原因，在茶余饭后的谈论中或当地中国老乡的耳中，这个姓就是来自兰巴耶克市北部和奇克拉约市的一个大姓。

姓氏的“继承人”

贝尼托告诉他儿子何塞，他曾把这个姓通过收养的方式允许跟自己家族有关联并愿意使用这个姓的人们使用。其手续大概是这样的：当一个中国人来到秘鲁并找到贝尼托的时候，只要贝尼托承认他属于自己家族的某一支，他就会马上被接受为家族的成员。来人若要贝尼托承认自己属于家族的某一支，就要对他出示足够的证据，比如事先约好的某个暗号或其他什么事情。以此壮大自己的“家族”，或容易理解贝尼托为什么会允许其他人使用这个西班牙文的Dejo姓氏了。实际上，北方那些去找贝尼托的移民们都有自己的中文姓氏，例如写成西班牙文的Ho（可能是何或贺），或者其他什么姓。但在办完收养手续之后，就都使用“德霍”这个姓了。

德霍兄弟的后来

贝尼托在兰巴耶克市和奇克拉约市一直生活到1914年去世。他的弟弟佩德罗于1883年即秘鲁与智利开战两年之后返回中国，此后再也没回到秘鲁。后来，佩德罗把他的名叫埃米利奥·德霍的长子派到秘鲁。埃米利奥到达秘鲁的时候十八九岁。

家族后人

贝尼托先与其夫人多洛雷斯·哈维斯生育了子女，多洛雷斯于1889年7月20日去世，享年41岁。继而与夫人恩卡尔纳西翁·费蕾育有子女。最后一次婚姻与夫人克洛蒂尔德·努克也生有子女。因此，贝尼托相继出生的子女名字里分别有父母的姓氏德霍·哈维斯、德霍·费蕾和德霍·努克。自然，最早出生的几位德霍·哈维斯年纪最大。

曾经在秘鲁北部短暂生活过，后又返回中国居住的佩德罗·德霍是通过前述由他派到秘鲁来的儿子埃米利奥·德霍在秘鲁延续香火的——埃米利奥长大成人后与胡安娜·巴烈霍·布拉卡蒙特结婚，二人的子嗣后来组成奇克拉约显赫尊贵的德霍·巴烈霍家族。

首批客家人在海外

方言具有很高的识别性，对于客家人来说，方言极具凝聚力。客家人在秘鲁的数量逐渐增加也是出于相互帮助防范意外这个最朴素的目的。绝大多数客家人来自广东、福建和广西等地。从1867年开始，许多经商的中国人移民秘鲁，其中也有来自美国加利福尼亚的，但不约而同的是，他们都住在会馆中。

兰巴耶克市的客家人

当中国人接手经营兰巴耶克市众多在与智利的战争中被破坏殆尽的农场后，他们施展了自己从事商业活动和农业生产的才能。占移民绝大多数的客家人保持并发展了中国人之间可以完全信赖的社会关系。中国人社团组织是以方言为纽带、以亲和力为基础而成立的。最早的社团之一是1868年成立的以客家人为主的同陞会馆。该会馆后来在兰巴耶克、瓦乔、帕蒂维尔卡和伊基托斯都成了分会馆。另一个社团是1876年成立于卡亚俄的同义会馆，即现在的介休中华会馆。

在兰巴耶克市白手起家

后来，贝尼托在兰巴耶克市定居。那是一个初到当地的外来人口、邻省的居民和外国移民刚刚开始聚集居住的小城镇。他在兰巴耶克的社会关系越来越广泛，经济实力也增长了。他通过食品面包店和杂货店在当地进行商业活动。他在既有店铺附近逐渐开办经营内容相似的商店。贝尼托的商业经营活动很成功，他知道如何依靠自己的努力进取逐步变身为尽人皆知的商业巨子。

在奇克拉约的商业扩张

几年之后，他同时又在奇克拉约立住了脚。他在那里扩展了商业领域并把那里变成他最喜爱的商业活动场所。贝尼托在奇克拉约的产业渐渐发展起来，形成了巨大的影响力，成为当地人传统消费喜爱的去处。根据当地民间的流传，贝尼托是奇克拉约最早在自己家里接通电话线和安装电灯的人士之一。

其他销售点

此外，在几个特定的时期，他在一些偏远的区县比如费雷尼亚费、埃腾、皮门特尔等地开办了规模较小的店铺。这些店铺交由他信任的人，特别是几位与他私谊密切的女士经营打理。

黄金时代

在他事业鼎盛时期，他的位于奇克拉约市中心拉维罗妮卡（现今阿丰索·乌加特）街上的商业中心最为闻名。这个商业中心分销各种食品和生活用品，其中也有许多从中国和欧洲进口的商品。此外，他在雷亚尔（现今埃利亚斯·阿吉雷）街上也开了一家商业中心，后来它跟位于拉维罗妮卡街上的那家大的商业中心打通进行经营。

贝尼托在商业上的成功得到了人们的广泛认可。那些商业中心是当年最知名的繁华之地，也是大众消费品汇聚所在，包括小吃、各类食品、香水和美容用品、居室装饰品、热销的中国和欧洲进口衣料，所有这些都是当地新兴时尚阶层趋之若鹜的商品。

其他生意

何塞说，他的记忆中，贝尼托还从事过香烟的生产和销售。当时，烟草工业尚不发达之前，香烟还是手工生产的。

农场的发展

贝尼托曾以极大的热情投入农业生产。从19世纪70年代末起至80年代末，他陆续负责多项农场事务，最后拥有帕塔坡（Patapo）农场名下资产，位于图利佩（Tulipe）地区的孔伯（Combo）农场的部分经营管理权，以及与别人共同拥有布卡拉（Pucalá）农场的次级经营管理权。

他在北部农村地区的另一项生意是饲养和向邻国销售马匹。这项生意在初期规模并不大。

他与众多农场主的良好关系让他在遇到国内的亲友想移民秘鲁的时候，可以向农场主推荐并且得到对方信任的答复。他的几个侄子就是经他推荐并被安排在几个不同的农场的管理岗位上的，这几个年轻人也因此有机会在人生的道路上起步并逐步发展。

佩德罗·德霍·卡维罗

佩德罗·德霍·卡维罗是贝尼托年纪最大的弟弟，他们二人一起来到秘鲁。贝尼托在卡维罗侯爵[①]农场的经历也就是佩德罗在那段时间的经历。何塞总是回忆起父亲对他说，是如何如何喜欢佩德罗这个弟弟。贝尼托离开卡维罗侯爵去兰巴耶克市发展的时候，佩德罗相伴左右，一直到他最终在兰巴耶克市北部地区定居下来。自贝尼托从事农业生产和商业活动起，佩德罗就始终跟哥哥同甘共苦。就连二人抵达秘鲁按照规则办理移民登记时，贝尼托在公证处允诺将与佩德罗共同负担房租及生活费用。

家庭老照片中的贝尼托（右）和佩德罗（左）（照片由乌戈·德霍·布斯迪奥斯提供）

智利军队占领奇克拉约

在南美太平洋战争期间，智利侵略军占领了奇克拉约，自1881年4月12日至1883年7月26日，长达两年三个半月。智利军队司令部设在西班牙移民拉斯特雷斯家中，司令是埃乌娄西奥·罗布勒斯上校。智利占领军最高长官是海军上将帕特里西奥·林奇。智利占领军尊重悬挂外国国旗的地方。因为贝尼托悬挂了某国的国旗，他的财产幸免以难。

与智利海军上将林奇的关系

智利海军上将林奇，因其大檐帽的红颜色，被人们称为红色王子。他

① 贝尼托曾和他的弟弟佩德罗在卡维罗的农场里工作，以致贝尼托取了“卡维罗侯爵”的姓氏。

和贝尼托建立了深厚的友谊。他喜欢晚间到贝尼托的家里去，贝尼托请他吃晚饭，时间一长，两人的关系越来越好。贝尼托说，林奇经常在他家写航海日志，贝尼托一说起要专门为他的家人准备晚餐，林奇就表现得特别亲密热情。

佩德罗遭遇的变故

那是一天晚上，佩德罗觉得有生人闯进他家，他听见一阵嘈杂的声响。他抄起猎枪，在黑暗中向似乎在偷鸡栏里家禽的人影瞄准射击。打得很准，慌忙逃窜的人中有一人倒地身亡。第二天，智利军方辨认出丧命的盗贼是一名智利军人，佩德罗因此被捕。不久之后，为此案成立了一个军事法庭。为给死去的士兵报仇，法庭判决佩德罗死刑，予以枪决。

流放佩德罗

事情发生的时候，贝尼托正旅行在外。他回来得知此事之后，立即去找他的好朋友林奇上将，但后者也正在外地。于是，贝尼托请总部长官给林奇上将发一封加急电报通知此事。在与林奇交谈之后，这位上将决定从轻处理，下令不予枪决而改为流放。这样，在1882年末和1883年初，佩德罗被流放而回到他的故乡中国。

佩德罗送长子赴秘鲁

几年之后，佩德罗经过与贝尼托联系，把他的长子埃米利奥送到了秘鲁。埃米利奥是佩德罗的四个儿子当中年纪最大的，也是四人中唯一一位移民到秘鲁的，其他三人移民去了墨西哥和新加坡。埃米利奥是贝尼托第一位来到秘鲁的嫡亲侄子，也是贝尼托家族里第一位直接来自中国的血亲成员，还是第一位以“德霍”这一姓氏来到秘鲁的中国人。埃米利奥生于1883—1884年间，在1904年抵达秘鲁的时候十八九岁。他于1937年或1938年去世，享年53岁或54岁。

幺弟哈辛托

贝尼托在秘鲁家族里第三个血亲成员是幺弟哈辛托。他于1890年来到秘鲁的时候已经是成年人了。他乘船到达埃腾港的时候，贝尼托亲自在那儿迎接。据说，为了验明正身，贝尼托查看了他的头部，枕骨的位置有一道疤痕，从而确认来人是自己的幺弟。贝尼托清楚地记得，在家乡战乱期间从一所燃烧的房屋上掉下来的一根大梁砸在幺弟的头部造成了很重的伤。抵达秘鲁后，哈辛托跟哥哥经商，在哥哥的店里工作。几年之后，哈辛托回国。他十分节俭，懂得存钱。何塞说到这个叔叔的时候，很敬佩这一点。他攒够了钱，就回国了。

大家生活在一起

贝尼托在秘鲁组建了一个人丁兴旺又备受社会尊重的大家庭，其原因之一也是特点之一便是所有成员一直住在一起，即便不断有新的成员加入进来。有一张以贝尼托为首的家族全家福照片，从中可看到家族成员之众多。

算命先生的预言

有一次，贝尼托就家庭运势咨询算命先生，对方告诉他："你会在许多人面前去世，去世的时候四周围满许多人。"果然，他在兰巴耶克家中大宴宾客生日那天，登上一件家具想去拨准墙上的挂钟，正在拨弄指针的时候，突然从家具上摔下来，当场身亡。那天是1914年9月18日，贝尼托在前来祝寿的众多亲友面前，并在众人层层围住的情况下离开人世！算命先生的话应验了。贝尼托去世的日子正是他生日那天。这样的巧合未免引发人们种种猜想，但实在找不到任何解释。

三、威廉·甘及其中国寻根之旅

引言

威廉·甘·叶佩斯一岁十个月大的时候就失去了从中国移民过来的父亲。他跟他的秘鲁母亲和妹妹生活在切彭，彻底远离了中国传统文化。直到80年之后，他才和他的中国亲属取得联系，回到他父亲去世前一直计划返回看看的村庄。他两次回到先人们居住的广东省中山市攸福隆村，这样他又把自己和家族紧紧地拴在了一起。蒂诺·古斯曼·甘为我联系了本次采访。他和威廉·甘都是秘鲁甘氏土生协会的成员。蒂诺曾把甘姓在秘鲁华裔当中的15种拼法开列出一个单子。访谈中有蒂诺的插话，已标注，其余皆为威廉的发言。

受访人父亲的基本信息

父亲姓名	安东尼奥·甘·何（Antonio Kcomt Joo）
出生地点	广东省中山市南朗镇攸福隆村
抵达秘鲁年份	1928年

父亲的国内家庭

我父亲是1928年到的秘鲁，他叫安东尼奥·甘·何。他出生在广东省中山市离珠海很近的攸福隆村。他是家里的长子，在国内还有一个弟弟。他来秘鲁的时候，他弟弟没来，因为家里只剩他弟弟一个男丁了，而他们的父母年纪太大也需要有人照顾。他在国内还有一个妻子，帮忙照顾年迈的父母。他跟这个妻子没有生育儿女。

我的父母

我父亲大概45岁的时候，认识了我母亲，当时她18岁。我母亲是卡哈马卡省孔图马萨人。他们结婚之后生了我和我妹妹。在我一岁十个月大的时候，我父亲去世了。我现在84岁，我妹妹达莉拉（Dalira）83岁。

来秘鲁的原因

我父亲到秘鲁来是因为这里有亲戚，他和他的一个堂兄在切彭拥有一个名叫“布宜诺斯艾利斯”的农场，另在秘鲁北部拥有一家字号为“好钟”（Hao Chong）的进出口商号。这家商号专门进口中国商品并分销到秘鲁北部的奇克拉约和皮乌拉，同时向外出口绿豆等豆类。他来秘鲁就是为了赚钱，然后好带着钱回中国。

父亲之死

为了回国，我父亲把所有的店铺都卖出去了。他说，这样回到国内就是相当有钱的人了。我保留着几封我爷爷写给我父亲的信，信里说村子里浇地遇到了麻烦，别的人家霸占着水井，都掏出枪来不让别人用水。他们都是小农户。我父亲就跟我母亲说，“咱们明年初就回国”，但是出发前几个月就去世了。我们把他葬在了拉利伯塔德省的帕卡斯马约。其他一些中国人的秘鲁妻子对想要回国的我母亲说：“在中国说话算数的是大老婆，他们会把你当奴婢一样使唤。”我父亲去世后，他国内的妻子想把我要回去，因为我是他家里的老大，而且是男孩子。他们并没有要我妹妹的打算。我父母在一起共同生活了不过两年。

母亲口中的父亲

我母亲总是对我说，我父亲是个好男人，而且慷慨大方。他离开他的堂兄之后，就在滕布拉德拉[①]开了一家自己的买卖。那是一家规模更大的商店，连药房都有。有时候穷苦的病人来了，我父亲就免费送药给他们，而我母亲就不高兴。我父亲就跟她说："他们又穷又病，怪可怜的！"我保存着一封我父母谈恋爱时我父亲写给我母亲的信。他在信里说："小姐，我实在是太爱你了。你要是拒绝我，我宁愿去死！"

同名同姓

我父亲在秘鲁跟我母亲结婚之前的很长时间是单身，但他有好几个非婚生子女。别人告诉我，我还有一个叫威廉·甘的弟弟，长得特别像我，住在瓦基利亚斯[②]，但是他出生在滕布拉德拉，就是我父亲做买卖的地方。另外，有一回我遇到一个煤气管道工，他也叫威廉·甘，也在滕布拉德拉出生。实际上，他也是我的一个弟弟。

接触家乡，接触家庭

我很早以前就想联系我在中国的家人。有一句老话说："心中有所想，必设法实现。"几年前我就跟我堂侄女，也就是我堂兄的女儿取得了联系。我这位堂兄一直跟国内有联系。堂侄女告诉我，她接到了她父亲去世前的口信，叫她寄钱给他在国内的几个九十几岁高龄的姐姐。堂侄女帮我跟住在香港的一位近亲取得了联系。香港这位近亲告诉我，他认识我们家——攸福隆村，他在那儿生活过五年。香港这位近亲原来是我的一位堂弟。然后，我就跟这位堂弟联系，准备2011年回国。

第一次回乡

堂弟让我先去香港，他儿子会在那儿等我。我们到香港机场的时候，那儿确实有一个小伙子在等我。我是跟我太太和会说英语的小儿子一起回去

① 滕布拉德拉（Tembladera），位于卡哈马卡省孔图马萨市约南（Yonán）区，是约南区首府。
② 瓦基利亚斯（Huaquillas），是厄瓜多尔接壤秘鲁的一座边境城市。

的。我有四个孩子，他们都是医生。第二天，他的父亲，也就是我堂弟，在九龙湾等我。我们经澳门去的广州，路上走了不过30分钟。我们事先并不知道会有一个那么热烈隆重的欢迎仪式。后来他们告诉我，他们也一直在寻找我。我叔叔在去世之前也嘱咐身边的人，一定要把我找到并且带回到攸福隆村来，但是一直没有找到。最后，还是我在香港遇到了跟国内有联系的堂弟。回到攸福隆村之后，我堂弟送给我一身练习功夫穿的外衣，我送给他一件秘鲁毛衣。大家还专门设宴欢迎我。

回到老宅

我跟他们说，我要到我祖父母和我父亲的老宅去看看。族人共同居住的老宅的旧式大门保存得很好。前头还有一个栅栏。“给我照一张站在老宅门楣下面的照片。”我跟我儿子说。照片上，我身后仿佛有一个人影，我想，那一定是我父亲的魂灵。我走进老宅的时候，我心中感到一股深深的震撼和一丝丝悲凉。堂屋正中是祖先的牌位，在那儿举行了一个简短的拜祖仪式。在祖先牌位前，我忍不住掩面而泣。我父亲在安排好的回国日期之前突然去世，而我现在回来了，替他站在祖先牌位前，替他完成了他未竟的心愿。

感谢祖先的恩德

我堂弟拉着我的手把我带到祖先牌位跟前，我们一起叩头，感谢祖先把我带回家来的恩德。他们指给我看，我祖父母早就给我做了一个小佛龛，为的是让他们崇拜的三位神灵来保佑我。我自己也不明白为什么那天我不由自主地哭了那么多回。

第二次回乡

2015年，我第二次回乡看望他们。跟上回一样，在村子的小广场上举行了隆重的欢迎仪式。我又一次回到我祖父母和我父亲的老宅。我坐在餐桌旁，觉得似乎是跟他们在一起吃饭。我堂弟领我到堂屋的祖先牌位前祭拜。上香的时候，我又一次感觉到一股怀念先祖的哀思和一种不能与之相见的愁绪向我袭来，我再一次忍不住，热泪夺眶而出。从老宅出来，忽然看见天上有一小片乌云，随即下了一阵雨，而后雨过天晴。我堂弟说，“这是我们的祖父母知道威廉回到了攸福隆村而哭出的泪水，当然，不是悲哀的泪水，而是高兴的泪水。”那天我的双眼下的雨最多。

家宴

因为要跟族人告别，2015年11月8日我安排了一场辞行宴会，请了80位甘姓族人，标准是每人20块美元。在所有甘姓族人面前，我先讲了几句话，回忆我的父辈如何去了秘鲁，以及他们的后代又如何回到攸福隆村。我是用西班牙语讲的，我儿子翻译成英语，我堂弟再翻译成客家话。听完最后的翻译，大家热烈鼓掌。

家谱

我第一次返乡的时候，族人们把我带到保留完好的甘氏公祠，并拿出一本书给我看，那上面写有我的名字。原来那是一本包括我们甘家家世来龙去脉的家谱。后来他们送给了我一本，让我记住我从哪儿来和现在在哪儿。

（蒂诺：我们姓甘的人有十五种拼写这同一个“甘”字的方法。我们这一支甘姓这样读甘字，是因为我们中山的人世世代代讲南部客家方言。我们是北海的，所以甘氏各个会馆里也有北海会馆。我们家是从福建来到中山的。）

题壁甘氏公祠

下面我讲述我了解到的攸福隆村的历史。攸福隆村已有240多年的历史，这要感谢我们祖先的顽强生命力。我们这一支从甘氏第十四代开始，至今已到第二十四代。根据记载，我们甘氏祖先原本生活在福建省，后来迁移到江西省，在明洪武四年（1371年）再次迁移到广东省。从第十四代开始，甘召霖与其母曾氏住在紫金村一个叫河塘的地方。甘召霖生四子：甘成美、甘成举、甘成耀和甘成辉。乾隆十六年（1751年）年，祖母曾氏带着四个孙子又迁到了香山县（现今中山市）石门乡兰溪村叠陶坑。他们在那儿盖了房子，开垦荒地种庄稼。生活艰苦，但踏实平静。若干年后，家人们找回了甘召霖的骨骸，并且跟其母的遗体一起葬在了甘氏老宅的门楼之下。后来，有一位堪舆师跟甘家几个兄弟说，家里房子的位置不好，不宜居住。于是，兄弟们决定把家搬到金字山下，取名新住山村。后改称牛角陇村，最后改称攸福隆村。他们在这儿繁衍了后代子孙。所以，后人们把甘成美及其祖母曾氏视为

威廉·甘·叶佩斯与堂弟在香港相遇

威廉·甘·叶佩斯的父母及其堂弟（左下）的照片

攸福隆村的创建人。我们的先祖据说有六公顷土地，所以后人们从不为生计发愁。为了表达对先祖们感恩戴德，村民们修建了好几座公祠，有召霖甘公祠、甘氏宗祠、聘珍甘公祠。现如今甘氏后人们年年都在聘珍甘公祠内祭拜先祖以表达对他们的崇敬和怀念。

根

我对我的先人们的崇敬和爱戴是无法用语言和文字能够表达的。更重要的是，我希望我能够回到那里去生活。虽然我不是在那里出生的，但是我的血脉从那里来。我真想在那里生活。我堂弟不久前还给我来信，让我再回去。“既然你的家在这儿，你还待在秘鲁干什么？”在信里他这样问我。

第三节　土生后代

一、陈氏家庭及其烹饪遗产

引言

陈氏家族在秘鲁的历史可以追溯至受访人外祖父陈必大。陈必大老先生撰写的回忆录，记载了这位客家移民先在伊基托斯继而在利马的生活。回忆录中也谈到在利马很有名气的“弟弟中餐馆”。这要从威廉·陈（William Chan Lau）说起。威廉是移民到旧金山的中国人，后与陈必大老先生的女儿结婚，再后回国，最后也移民来到秘鲁。在这里，他们创办了这家家族企业，至今已有70多年的历史。威廉有五个子女，其中两个女儿——帕特丽西娅（Patricia Chan）和贝弗莉（Beverly Chan）——向我讲述了她们家的历史，并赠送我一本其外祖父回忆录手稿和许多当年照片的影印件。

受访人家庭的基本信息

	中文	西班牙文
外祖父姓名	陈必大	Chang Pic Tac Chin Tian-Ji o Chin Pitat
外祖父家乡名	田头	Ten-teu o T'ien-t'ou
外祖父抵达利马年份	1910年	
父亲姓名	陈玉奇	William Chan Lau
父亲抵达利马年份	1957—1958年	
母亲姓名	陈芬兰	Juana Lucía Chin de Chan
兄弟姐妹姓名	陈翠英 陈可英 陈佐英 陈布英 陈卓英	Patricia Chan Beverly Chan William Larry Jimmy
商号名称	弟弟中餐馆	Chifa Titi
创建日期	1958年7月22日	

以下文字分为两部分。一部分是外祖父陈必大回忆录的评论本。另一部分是与帕特丽西娅和贝弗莉的访谈，其中涉及她们的家庭生活和弟弟中餐馆的情况。

（一）外祖父回忆录

这是外祖父陈必大写给自己儿孙的一篇文章。这篇文章极其珍贵，它讲述了一位两次移居伊基托斯而最终定居在利马的中国人的生活。据这位中国人的两个外孙女——帕特丽西娅和贝弗莉介绍，“这篇文章原是用复写纸书写，一共四份。一份存档，一份给我们的妈妈胡安娜（Juana Luciá Chin de Chan），两份给在国外念书的孙子们”。

我的回忆录[①]

我是中国人，我应该用中国字写我的回忆录，但我用中文写的你们大多数都看不懂。我从没在学校学过西班牙语，用西班牙文我写不好，也写不了多少。我的西班牙文只够我看懂店里的商品，还有报纸上的新闻。我喜欢看报。你们读了我写的东西，就足以明白我的意思了。

第一节　我的故乡

田头是我的故乡，村子很小，大概有两三千人，都以务农为生。我们是客家人，历史上向来这样称呼我们。说是100多年前我们客家人的祖先从中国北方——也没具体说是哪个省份——来到这里。刚来的时候，跟村子里的广府人经常发生械斗，直到有一回我们客家人赢了，日子才平静下来。

第二节　我的家庭

我父亲叫陈飞星，字英德。他是个普普通通的农民，不会看书写字，是8岁的时候来到田头村的。我母亲姓钟。我父亲死的时候80岁，我母亲死的时候63岁。那是多么凄惨的生活——我们再也不能相见，再也不能团聚。当时我哭得非常厉害，都怨老天爷！在一场人生的游戏中，从生到死，谁也逃不出老天爷的安排。他还有一个哥哥，叫陈阿慎，又名陈英庆，在伊基托斯经商，有文化，也很有钱，60多岁的时候去世的。

第三节　出国

我的名字用客家话说是陈添基（Chin Tian-ji）或陈必大（Chin Pitat）[②]，但在外国人身份证里写的是Chang Pic Tac。我刚刚十五岁的时候，我的伯父陈英庆——他是我的监护人——送给我一张花十英镑买的船票（那时候的票价多便宜呀），我就从香港经利物浦到伊基托斯。真够刺激的！我和其他三个老乡同行，谁也不会讲外语。我们最终来到了我表兄安东尼奥·谢的商店［现在他在利马石桥区（Puente Piedra）］。他的店铺很小，但生意还马马虎虎。在那个年纪，我什么也不会干，也不懂得省钱攒钱，没有

① 此篇文章为方便阅读有的地方做了润色。

② 当时经常发生的情况是，移民的姓名在官方颁发的证件如外国人居住证中跟他的真实姓名不一样，其中有些是因为从中文转写成西班牙文时有讹误，另一些则是因为在登记之时故意使用了别人的姓名。

任何知识。说白了，就是一个少不更事的小孩子。但是，就是从那个时候开始，我特别喜欢读中文的东西。识字的老乡里有一位陈先生，他总是教我认字，我一辈子也忘不了他（我经常问自己，为什么现在不在国外自己学呢？我的答案是，这不是我的错，是我出生的时候老天爷没给我这个天赋。人和人都不一样，人聪明不聪明，都是老天爷安排的）。

第四节　改变想法

在伊基托斯，我先在三家商店里工作，还跟我表兄在他的两家商店里干活儿。都怨我自己太小，不会动脑筋，不会干活儿，也不会挣钱。1911年，辛亥革命成功。这消息让我高兴。比起商店里的事情和我的工作，我更关心书报上的东西。我缺少耐心，也不会招待顾客。这样怎么会挣到钱，怎么会有机会去念书呢？这时候，伊基托斯的一位老乡写信推荐我去利物浦找他的一个朋友[①]。商店已经盘了出去，行期已经确定。我忘不了的是，几个老乡设宴为我送行。席间他们跟我干杯，祝我一路顺风。还有人划拳，“一、二、三！”大家都很开心。离开伊基托斯那天，十几位老乡到码头跟我挥手告别。

第五节　从中国来

那个时期，我就像一名在外留学的学生（你们还记得我跟你们的祖父的那张纪念照吗？那是我刚到香港的时候，跟他一起照的，现在摆在我书房里作为纪念）。我到利物浦的时候，运气很好。在那里我遇到了老乡寇先生，他是一位经销中国商品的商人，夫人是德国人。他在他的店铺里热情地接待了我，让我在他家里吃住，全都不收钱。一位姓陈的先生推荐我去伦敦念书。他也是热心肠的人，各方面都很照顾我，帮我找住处，找老师，找学校，请我看戏、吃饭，送了好多中文书给我。我是个正正经经的小伙子，但是办起事情来，不是没有热情，就是没有决断，主要的问题是缺乏灵感。我看什么都不顺眼，又没有别人跟我说知心话。那时候，我还是个单身小伙子。突然有一天，有人给我介绍了一个也是田头村的老乡，说带我回中国。我怎么是这样一个既没用又没心眼儿的人呢！我跟这位老乡也不怎么说话，我们一起登的船。在那儿的学习期限是三个月。那时候，我已经25岁了。可

---

① 那时，通过“保护人”或“资助人”的推荐得到工作或学习的机会是很普遍的做法。

巧，我一到香港就遇见了一个又瘦又小的男人，就是后来我的岳父。我年轻，穿得又体面，脸色白里透红，手里拿着报纸，戴着眼镜，挎着雨伞。“他没钱，”那位老乡说，“这小伙子是正经人，很实诚。”那男人说，“没钱没关系！我女儿今年15岁，我要把我女儿嫁给这个年轻人。”他们说的就是我。果不其然，我们在田头村结了婚，在一起生活了一年。现在我总说，一个人要想念书，就不要说没有机会。我的过错就在于我没有抓住出现在我面前的机会，是我自己丢失了上学的机会。

第六节　重返伊基托斯

出征的音乐再次响起。岳母替我买了船票，我是在香港上的轮船，路线是横滨—温哥华—哈利法克斯—巴巴多斯—特立尼达—马瑙斯—伊基托斯。在老乡面前，我真羞愧得无地自容——我根本不提念书的事情。我得尽快地找到工作，好挣钱养家。那个时候，安东尼奥表兄开着一家商店，生意一个人做还凑合，两人做就要赔本。我真是没用透了，竟然找了一份亚马孙河上流动商店的工作。这种商店其实就是在一只独木舟上装满商品，给河上人家送他们需要的东西。我记得有一次特别危险——河水的一个旋涡差点把所有的东西全都卷走。我为什么选择了这样一份工作呢？我永远也说不清楚。是老天爷要让我过上好日子吧。

第七节　来到利马

我认定了我不适合在亚马孙河上流动商店的工作，同时又想离开伊基托斯。就在这时候，我认识了一位上了年纪的老乡，他说他是宝龙商号（Pow Lung）的合伙人和创建人。于是，我跟他一起开始了一段历时三十多天的旅行，一路上我们乘轮船、坐独木舟、骑马、搭火车，好不容易终于来到了首都。幸运再一次降临到我头上。我成了宝龙之家的座上宾。由于那位陈姓老乡的推荐，我在宝龙之家待了五个多月，认识了这家饭店的老板谢宝山[1]先生。他是客家人，很和蔼平易，又儒雅大方。他经常带我去他的农场。农场里主要种植棉花和甘蔗。他有汽车，养着马匹，在那里吃饭都很丰盛，都是免费招待我。在那里我好像是个不懂事的人，让他们给我安排工作的时候我

---

① 原注：指奥雷里奥·谢宝山（Aurelio Pow San Chia）。

也没动脑筋。这么多年过去了，那事情到底是怎么一回事我也忘记了。我本应该在那儿工作的，结果我去了位于卡崩街18号的宝安公司（后来是“无辜的失败者”开的浴室[①]）。公司经理叫圣地亚哥·埃斯库德罗，是一战后的一名百万富翁。他为人很好，平易近人，也是我家乡同村同宗的人。然而，我每月挣的180块钱虽说那时候不算少，但我已有家口。所以，我还是想另找一份更合适的工作。我准备好了行囊，随时上路。

第八节　一条延续下来没有穷尽的线

在马格达蕾娜德玛尔区的一个街口有一家很不错的店，我在那里干了一年。因为债权人催得很紧，资金周转不开，不能在那儿干下去了，我必须离开去找新的工作。后来我到了石桥，那时候我的表兄安东尼奥已经当了裁缝，想到利马来更好地施展手艺。我留在石桥的那家店里，生意越来越不好。我努力再努力地干，不知不觉都干了八年，孩子都长大了，他们得念书，他们必须过上好日子。我回到利马之后，有了自己的买卖。以前父辈们没干好，现在轮到我们了。我还不错，现在挺好。就是这样一个比较。父到子，子到孙，就是这样一条延续下来没有穷尽的线。

（二）与弟弟中餐馆东家帕特丽西娅和贝弗莉姐妹的访谈

外祖父

外祖父在回忆录里写了1910年前后他九岁的时候第一次来秘鲁和后来再回来定居的故事。外祖父他们之所以到石桥，是因为我妈妈出生在跟石桥相邻的卡拉瓦廖（Carabayllo）。外祖父做的生意是公共浴室。该区有很多杂院式的街巷，都没有浴室，外祖父看准了这个商机开了公共浴室。他早先还开了一家五金店。外祖父的生意稳定下来之后，就把外祖母接了过来。他们在这儿生了12个孩子，只有8个活了下来，其余都夭折了。

父亲

我父亲曾经跟我们说，他家里开过农场。他父亲是家里的老幺，所以家里什么也分不到。他的叔伯们也没什么给他。祖父做过商船船员，有一次航

---

① 原注：指当时的自己是“无辜的失败者”，虽然后来我成为这一地区一家洗浴店的主人。

行时商船迷失了方向，等他回来的时候，我父亲已经五岁了，并不认识他的父亲。我父亲12岁的时候出国，偷偷地登上了一艘船，去了檀香山。当时正值第二次世界大战，有人转让给他一份证件。那时候通行的做法是有谁战死沙场，就把谁的证件转让出去。我父亲就是这个情况：当时死了一个人，正巧跟我父亲同岁，人家就把证件转让给了我父亲。

在美国相识

我父亲到了美国，在旧金山一家餐馆做大厨，一切都挺顺利。我妈妈是到美国念大学的，在那儿认识了我父亲。那大概是1950年前后（帕特丽西娅说自己是1953年出生的）。我妈妈是家里唯一的女孩，她非要出国留学不可；其他三个都是男孩。

父亲陈玉奇在美国（照片由家人提供）

在中国

我祖母年纪越来越大，后来，我父亲陪着她回了国。我父亲是家里唯一的儿子。国内家里的经济状况发生了很大变化——旅馆、餐馆都没有了。我们跟父亲一起回中国帮着照顾祖母，我妈妈1953年底回国的时候，正怀着贝弗莉。贝弗莉出生于1954年5月。我们在国内陪着祖母一直待到1957年。然后，我们离开广州到香港。在香港我们待了一年，等签证。当初我们回中国的时候，是没有有关证件的。她（贝弗莉）生在美国，我（帕特丽西娅）和一个弟弟出生在中国，后面两个小弟弟生在秘鲁。

返回秘鲁

1949年后，中国实行社会主义制度。秘鲁还没和中国建立外交关系。因为我们的母亲是秘鲁国籍，我们自己又是出生在外国的人，为了让我们能够离开中国回到秘鲁，我外祖父在秘鲁办理了所有手续。我们终于在一年之后，1957年或1958年回到秘鲁。飞机经停巴拿马，我一直记得我们在那儿看见的那艘大船和那场大雨。我妈妈用一块尿布给贝弗莉挡雨。我们姐弟三人终于跟父母回到了秘鲁。

做中国人，做客家人

外祖父特别羡慕我们，因为我们是他的会讲中国话的孙辈。他也很喜欢他的姑爷，因为这位姑爷是客家人。他常常说，中国老乡都不大看得起土生，觉得他们不是中国人。假如他女儿和一个土生结婚，估计他也会看不起他的女儿。正因为她嫁给了一个中国客家人，他才觉得十分满意，十分幸福。外祖父办的公共浴室位于米罗·克萨达街上第11街区。他先带我们回到帕鲁罗街上的家里，然后让我们去浴室洗澡，最后“阿公”再把我们接回家。因为我们了解中国人，所以在利马华人社区生活我们没有任何问题。

客家话

我们是秘鲁第三代中国人里面极少数能够同时讲客家话、广东话和普通话的人。对我们来说，客家话是母语。我们最初在秘鲁上学的时候都不讲西班牙语，而是讲客家话。我们也不跟邻居的孩子们一起玩儿，因为我们听不懂西班牙语。我们在自己的环境里长大，等到了上学的年纪，我们只会说个别的西班牙语单词。我们在“双十学校”念书的时候，所有老师都是台湾人，我们学的都是中文繁体字，而不是简体字。我们也学西班牙语和广东话，说来都不会有人相信。我们的母语是客家话，确实是跟我们的母亲学的。假如有母亲雇佣秘鲁人照顾她的孩子，孩子的母语就会受影响，肯定跟我们不一样。我们自己的孩子已经不讲客家话了，下一代的孩子们连中国话都说得很少。

弟弟中餐馆

这家餐厅其实是一次为生存而冒险的结果。我们家既经历顺利兴旺的时期，也遇过困难和危机。我们的父亲在帕鲁罗街上开第一家餐馆的时候，正是生活艰难的时期。餐馆之所以叫“弟弟中餐馆”，是因为当时我们

母亲陈芬兰在第一个弟弟中餐馆（照片由家人提供）

最小的弟弟出世了。现在它已是一家有60多年历史的老字号了。我们把中餐烹饪推到了秘鲁餐饮业的最高地位。我们希望人们喜欢中餐，能对中餐有好评。这家餐馆是秘鲁最受欢迎的中餐馆之一。

最初一家中餐馆

我父亲开的第一家中餐馆在帕鲁罗街上，地方特别小。他自己动手做的桌椅、板凳，别的客家朋友又送了一些。第一家中餐馆看上去就像是个咖啡馆。那是1958年，开张的时候没有敲锣打鼓，没有鲜花彩带。它跟那些满地都是锯末，墙上光秃秃没有任何装饰的小咖啡馆没什么区别，当时没有闲钱去装修。

第二家餐馆

1983年我们搬到加拿大大街去的时候也是这样。当时我母亲有病，得了癌症。治病花光了我们所有的积蓄。我们借了一万四千块美元，开业后拼命工作还债。当时恐怖主义的活动很猖獗，阿兰·加西亚第一届政府也很混乱，生意相当艰难。即便是这样，我们也挺了过来，也稍有积蓄。在加拿大大街干了九年。

第三家

我们搬到哈维尔·普拉多大街是1992年。当时手里的钱只够买下地皮和建造地下室。我就去找建筑商询问预算。因为都是我们的老主顾，他们愿意给我们贷款。我们搬来的时候，不愿意像其他中餐馆一样把门脸儿都粉刷成红颜色的，我们想保持独特的装饰风格。我们突发奇想，把玻璃裁成小块再粘贴上去。开张那天，我们只有一张餐桌和几盆鲜花。“明天咱们准能开门营业吗？”我父亲关心地问我们。我们必须购置大量的东西。1992年7月23日，新一代“弟弟中餐馆”正式开张营业。

越挫越勇

我们搬到加拿大大街去的时候，餐馆附近发生过一次汽车炸弹爆炸事件，开张那天又赶上全市大停电。搬到哈维尔·普拉多这儿的时候，也是开张那天，又遇到停电，不过这次是因为电器超负荷。三次搬迁都是遇到同样的麻烦。不过，我们吃一堑长一智，我们越做越好。困难和挫折反倒让我们在秘鲁中餐馆市场上经久不衰。

母亲去世

我母亲是我们家的核心。她既是顾问，又是翻译，还是厨房的帮手，当然，最主要的角色是餐馆的经营者和管理员。她在秘鲁出生、长大，会说汉语，会写中文，还会说英语。我父亲只管在厨房掌勺，其他事情都是我母亲操持。银行的事情她安排，她替父亲准备办理银行手续的文件，她有自己的文件签名章。她去世的时候，我们都还年轻。她的去世给了我们很沉重的打击。

妇女的作用

从外面观察我们的人总是对我们说，你们就是一个母系氏族家庭。我倒是认为，这一切都因贫穷而起。贫穷会使你成熟，会使你更加细心。我们对三个弟弟照顾有加。我父亲刚来的时候不会讲西班牙语，是妈妈为他当翻译。家里、店里的大小事宜都是妈妈拿主意。她是土生客家人，出生在卡拉瓦廖。我们从她身上学到了很多东西。

教育

虽然我们家曾经很贫困，但是父亲最关心的事情是让我们都上大学。从前，人们都认为女孩子上什么学，早晚要嫁到婆家去。但是我们的父亲和外祖父的想法不一样。他认为应该让女孩子受教育，这样她们长大了就可以独立。如果生活困难，她们也可以自食其力，不需要指靠丈夫，不必低三下四地跟男人要钱买东西、吃饭。所以，我们姐妹兄弟都受了高等教育，我们的孩子还都念了硕士学位。我们都希望一代比一代更强。

兄弟姐妹们

我们大家都在餐馆里干活儿。几个弟弟是餐馆的重要劳力。我十几岁的时候，妈妈有事不在家，由我管收银机，那时候还都是心算。我们每个人都有自己的岗位，都负一方面的责任，要么在餐馆，要么在杂货店。现在我们兄弟姐妹五个人都是股东，每人管理一方面的事务。碰到有厨师或者服务生没来，我们就下厨房干活儿，洗碟子、招呼顾客，每个人能干什么就干什么。重要的是把生意越做越好。在利马甚至整个秘鲁，经营60多年而没变换过东家并且越办越好的中餐馆很少很少。跟所有家庭一样，我们也有意见不和

陈家子女们（照片由家人提供）

与争吵的时候，但是大家总是不离不弃。在最紧急、最关键的时刻，我们大家就想，我们只有五个人，我们必须抱成一团。我们就是这样越做越好的。

跟广府人的关系

我们小时候，客家人都喜欢跟客家人结婚，因为要跟广府人结婚那就死定了——夫妻间总是争吵打架，他们广府人看不起客家人。广府人总把客家人看得低人一等，认为客家人总是搬来搬去，什么事情也办不好。我们的埃娃姨妈就跟一个广府人结婚，结果夫妻俩关系很糟糕。我们的祖辈都希望“客家妹嫁客家郎”。“看不起”主要来自广府人那一边。客家人总是想着多干活儿，把日子过下去，而且越过越好。广府人总是说：“别跟那个客家人搅在一起！”这就是歧视，就是“瞧不起”。

政治

我们在家里谈论政治，也谈论经济。虽然我们的父母家境清贫，但他们都有文化。父亲最喜欢谈论政治话题。中国政府刚来到秘鲁的时候[①]，第一任大使就来看过父亲。当时我们的餐馆还在帕鲁罗街上。父亲让别的人都出

① 指1971年中秘两国签署公报正式建交。

去，他单独跟大使交谈。父亲本来是亲国民党的；我们的母亲1972年回国一次，她发现国内跟过去大不一样；父亲马上觉得中国将发生巨变，转而支持共产党。我（帕特丽西娅）1987年回去过一次，那时只有公路，其他什么也没有。后来就什么都有了。

传统

在父亲生意最好的时候，他也跟牌友们聚在一起打牌。他们打的是麻将牌。我外祖父去世后，守灵的时候，他们就在另一间房子里打麻将。这也算是传统之一吧。在我们看来，凡是中国人，都打麻将。父亲回国的时候，一位堂兄在家照看我们，我们就让他教给我们打麻将。等父亲从国内回来，我们三个大一些的都会打了。按照老规矩，只要去世的人结过婚，给他守灵的时候就可以打麻将；如果去世的人是单身，给他守灵的时候就不能打。在给我大舅守灵的灵堂上，我们的外祖母一边哭一边唱。她就像一个哭坟婆，特别伤心。母亲说当时就是这样的。

成功的秘诀

确实，我们家的人都十分执着。这是一种凡事“志在必得”的执着。我们特别注意分析事情的来龙去脉，成功无非就是坚持和节俭及积蓄。因为在机会来临的时候，你必须有资本。我们一直尽可能地积攒资金。这是一个很简单的道理。你必须平日里开源节流，以日积月累的资金等待机会的到来。

陈家的年轻人，即弟弟中餐馆的继承人们（照片由家人提供）

下一代

我们的侄子和外甥们也都和餐馆有关联。我们希望下一代都具有能够在餐馆工作的资格。我们都念过书，但学的都是别的专业。外祖父没念过书，但他知道必须让他的孩子们去美国念书。他一直认为，只要念了书，我们就能实现他没能够实现的事情。现在，我们兄弟姐妹五个人团结在一起就是为了实现他的这个愿望。

二、甘氏家族及其奋斗史

引言

这段历史讲述的是客家移民菲利佩·甘的生活。菲利佩与尤里马瓜斯一位比他小22岁的非土生女子结了婚。来秘鲁之前，他在中国有一个妻子和两个女儿。他的故事突出说明了一位客家移民是如何带着妻子和三个孩子几乎跑遍秘鲁去寻找商机的。他的两个秘鲁女儿——伊莎贝尔和苏萨娜——接受了我的采访并向我提供了她们的父亲的照片和有关文件。

故事主角的基本信息

类别	西班牙文	中文
姓名	Felipe Kam Leu Ku	菲利佩·甘
出生地点	Chockai o Chiak kai	广东江门台山市赤溪镇
出生日期	1900年7月8日	
妻子姓名	Victoria Pérez de Kam	维多利亚·佩雷斯
妻子出生地点	Yurimaguas	尤里马瓜斯
秘鲁女儿的姓名	Isabel，Susana y Celia Kam Pérez	伊莎贝尔、苏萨娜和塞莉娅

在中国

我爸爸改动过他的出生日期，但是我们认为他是1900年7月8日出生的。我阿公一去世，他就离开了赤溪。因为他是家里最小的孩子，所以分家什么也没轮到他。那个时候人们都结婚很早。他把他妻子和两个女儿都留在了国内。当时的移民有的是只身来的，就像我父亲；有的是带着妻子一起来的或是让人带过来；还有的人过来后再回国去结婚。

父亲抵达秘鲁

父亲出国后先去的巴拿马，在科隆港，然后才来的秘鲁。因为这儿有两位堂兄和两位伯父，不过他们都在雨林地区。他是1922年来到秘鲁的，那一年我母亲刚出生——他们之间相差22岁。我父亲来的时候从国内带来了自己的算盘，在店里用。我父亲谈起中国来提得最多的是，他家里有一个很大的池塘，每年可以养很多鱼。

母亲

我母亲是百分之百的秘鲁人，名叫维多利亚·佩雷斯·甘，出生在尤里马瓜斯，是我父亲一位堂兄的教女。我父母是在那里认识的，我父亲的两位堂兄也在那儿。我父母结婚的时候，我母亲还不到18岁。 她很快就适应了我父亲的生活。因为我父亲，我们的生活吸收了许多中国文化元素，但同时我父亲也很尊重我母亲的传统。我母亲很聪明，不久她就能跟我父亲说中国话。有一次，她说错了一句话，惹得伯母们哄堂大笑。从此之后，她就不说中国话了。

跟中国家庭的纽带

我父亲在中国的妻子从没来过秘鲁，他也从没回过中国。他经常往中国寄衣服寄钱。他国内的妻子管我母亲叫“妹妹”，她留在国内照顾我的奶奶。1979年修公路的时候我阿公的坟茔被刨了，他的遗骨被装到了一个匣子里。我父亲说坟里有许多珠宝，当年下葬的时候都会拿珠宝陪葬。我们都跟父亲说，你干什么不回去把那些珠宝带回来呀？我父亲在秘鲁这儿没有钱，他很勤奋地工作，但不是有钱人。

人品

生活在这里的中国老乡都把自己封闭在自己的小圈子里，只在他们之间讲话，看中文报纸，聚在一起吃饭、抽烟。但是我父亲从来不这样做。在帕鲁罗街上中国老乡的圈子里，可以毫不夸张地说，我父亲是个很有智慧又观念超前的人。他看待事情非常客观，给其他人很多教益。他是个诚实正直、讲道义、勤奋，懂得保卫家人的男人。同时，他是很有人情味的人，跟所有的人都谈得来，十分平易近人。无论是达官贵人，还是平民百姓，他都一视同仁，热情招待，把自己最拿手的厨艺拿出来。

个人习惯

我父亲有一个小本子，上面记着许多有用的资料，比如他的在中国出生的第一个外孙女的生日：1937年2月24日。那是他大女儿的孩子。他总是一大早就打开收音机，虽然不能全听懂，但他就是这样自学西班牙语的。他爱看报纸，这有助于他写字，他写的字很漂亮。他喜欢听秘鲁山区的音乐，我们曾问他，为什么喜欢听那儿的音乐呢？后来，我慢慢明白了，那儿的音乐，还有那里人们穿的衣服的样子和颜色都让他想起他的祖国。他不打麻将牌，他喜欢赛马，他常下注连在一起的两场赛马。他也在收音机里听赛马实况，有机会的话，他也去跑马场看赛马。他不喝酒，他总说，“我有那么傻吗？他们喝了酒就往厕所跑，难道我会把钱扔到厕所去吗？”

第一个家

我们家先是住在丘林，父亲在那儿开了一家旅店，我们姐儿俩就出生在那里。后来，我们搬到利马来，住在帕鲁罗街第八街区老通惠总局的亚洲旅社里，一直住到我们自己买了房。我父亲也自己开了一家杂货店，在圣伊德尔丰索街上。我们是在那里长大的。父亲负责做饭，去菜市场买东西；母亲照顾杂货店的生意，同时带着我跟妹妹，教育我们。

在老乡们当中生活

我们学到的所有这些东西都是我们在中国文化环境里成长的结果。我们住在帕鲁罗街的时候，母亲总是跟我们说：“你们在外面玩儿一定要有教养，你们在外面做了什么，爸爸在家都知道。”街上住的都是伯父叔父，我们都要一一问好。有时候母亲在街上走过，街坊们都跟她打招呼：“你好，太太。”她们有时会停下来聊天。我们在街上走路时总会碰到她们，她们总是问“爸爸好吗？”或者“妈妈好吗？”出去和回来的时候总是这样问，我们都被问烦了。“我们刚跟你们说过，我们还得再说一遍。烦不烦啊！”我常自己这样想。但我们还是必须跟她们打招呼，要不的话，她们就会告诉我爸爸，爸爸就会问我们：“阿姨告诉我，你们没有向她问好。是吗？”我们这儿有阿姨，那儿也有阿姨，到处都是阿姨。

只有女人

客家人从不看不起妇女。在我们家里一共有三个女人。父亲常说：“幸亏是俩女孩子，要是男孩子的话，他们早就不在这儿了。”他也常对我说：

“这个乡下孩子，多好啊，是个丫头！”他说这话是因为我生性好动，总爱往外跑，静不下来。我妈妈是1969年或者1970年开始去菜市场买菜的，因为那时候父亲的生意很不好，自己的店铺已经没有了，靠给人家打工挣钱。于是，父亲对妈妈说：“维多利亚，往后你就管家吧，我得出去工作，你先从厨房开始。我带你上中央菜市场去一次，告诉你怎么买牛肉和蔬菜。”

厨房

我父亲常说，他在来秘鲁的船上很无聊，他就到船舱的厨房里去，看厨师做饭，或者帮他们干点儿什么，就这样学会了做饭。他认为，女孩子们不能下厨房，老婆也不能。40年前，我要结婚的时候，我已经换上结婚耳环，我爸爸把我带到厨房，教我烧菜，对我说：“女人在家里应该是指挥调度的人，但是你必须了解所有这些事情。”这是父亲教给我的。

漂泊不定的生活

有一阵父亲的工作流动性很强。说实话，客家甘氏是很会经商的，而在甘氏商人里，我父亲的最大特点是他喜欢到处寻找商机。他骑着毛驴走遍了全秘鲁。他在一个地方住下来，就在那儿开一家商店，一家典型中国式的杂货铺。他的文化背景把他自然而然地引向那些中国人开办的农场。全秘鲁他没去过的地方是阿亚库乔、万卡韦利卡、库斯科和普诺。他还去过智利和厄瓜多尔。我父亲的优点是，虽然他是个游商，但总是带着我们全家。开始的时候是我们四个，爸爸、妈妈、我和妹妹，后来又生下最小的妹妹塞莉娅，一共五个人。

伊基托斯的甘氏家族

我父亲保留了自己家族的姓氏并成为甘氏家族的大家长。我们上学的时候，常常以拼读我们的甘姓为游戏K–A–M。但是其他同学却经常把我们的姓写成Cam或者Campos。在伊基托斯，如果你听到有人姓Campos，那么他的姓就是Cam，也就是我们姓Kam的甘。有些土生后代就追问，为什么他们的长辈没有把祖先的姓氏保留下来。我们这支甘姓是来自广东赤溪。

皮乌拉的甘氏家族

我父亲在国内的女儿最终得以来到秘鲁，她是在奇克拉约的埃腾港下的船，然后她就在那里定居了。她有两个女儿，现在都住在皮乌拉，于是在皮乌拉又多出了我们甘氏家族的一支。我们去那里看望她们的时候，我们的大姐已经去世。我们去了她安息的墓地。当地华裔社团组织得很好。中华通惠总局为直接从中国来的华侨买了地，为会员们建了活动室。我大姐的名字跟我一样，也叫伊莎贝尔·甘。

火灾

我们去过伊基托斯，我伯父在那儿开了个店铺，我父亲也想开一个。结果我父亲就在彭恰纳开了一家店铺，但是后来一场火灾烧掉了。我们又回到了利马。回到利马，我们住在帕鲁罗街第十街区的《公言报》那幢楼里。后来，我父亲又在观花埠区的科里纳街开了一家杂货店。一位亲戚说："咱们去厄瓜多尔吧，那里买卖好做。"我母亲正怀着我小妹妹。于是，我父母就去了厄瓜多尔，我小妹妹就出生在厄瓜多尔的曼塔，我们姐妹俩是我大伯后来送过去的。结果，在曼塔的铺子也毁于一场大火。我大伯胡里奥在伊基托斯的店铺是一场火灾烧毁的，我堂姐在委内瑞拉也是同样的遭遇。看来火灾是盯上我们甘家了。

平日说的话

在伊基托斯及其后的遭遇之后，我们就跟着父亲去了阿雷基帕区的卡马纳。在那儿，我们每天都用客家话向父亲问好并且感谢他的辛苦付出。有些话我们用客家话说的时候是怀着极大的尊敬和感恩心情的。我们在阿雷基帕住了两年，周围有很多老乡，大家都讲客家话。

宗教与传统

我父亲不信任何宗教，但是他最相信利马万塔街上那座中国寺庙里的那尊神，每年一到固定的日子比如春节或者"双十节"，他就带着我们几个孩子去庙里上香。他十分崇拜那尊神。我们姐妹几个都是在修女们开的教会学校接受的教育。对我父亲来说，宗教是特别值得尊崇和信仰的。他认为，对他的女儿们最好的教育就是上教会学校。所以，我们都上了教会学校。

扩大了的家庭

父亲跟他的家里人和侄子们都很亲近。礼拜六早上起床，经常会发现客厅的沙发上睡着一个人。他特别喜欢在家里接待老乡和朋友，为大家掌勺烧菜。他奉献给大家最好的东西就是他的烹饪技艺。

关于金钱

我们姐妹开始工作的时候，父亲跟我们说："啊！我的女儿也工作了！好吧，以后每月工资一半给家里，一半留给你自己。"但是，他从来不问我们每月挣多少钱。"千万不要花的比挣的多！千万不要借钱给人，也不要向别人借钱！你如果没钱，就不要去买！"这是他经常对我们说的。他经常帮助有困难的老乡，但是他不喜欢去贷款。

爱开玩笑

父亲很爱开玩笑，反倒是母亲不喜欢他的玩笑。比如，晚上我们经常开玩笑地问他："真的，爸爸！你为什么跟我妈妈结婚？你是怎么认识我妈妈的？"他会回答："哦。我到尤里马瓜斯去，就看见你妈妈了。""为了能跟她结婚，你都做了什么？""我是用两把梳子把你妈妈换到手的。"听了这话，我妈妈就很不高兴。

关于死亡

他常常谈到死亡。他常说，等他死了，他不喜欢被葬在公墓最后面的地方，他希望被葬在靠前的地方。问他为什么，他说他在后面会害怕。还说不要给他放玫瑰花，玫瑰花太容易枯萎，还是放别的花更好。我的小妹妹问他："爸爸，如果那天正巧我有个朋友聚会。那我怎么办？我去不去？"我父亲回答说："当然要去了！只要你跟家里人说一声。"这就是我们跟父亲关于死亡的谈话。对中国人来说，死是生的一部分。

菲利佩·甘（照片由家人提供）

告别漂泊不定的生活

我17岁的时候，我跟我爸爸说："咱

们别再过到处漂泊不定的日子了，咱们就在一个地方住下来吧！”作为女儿，总是有对他不满意的地方。但随着年纪的增长，就会更好地理解父母。一个移民而来的人，为什么要在这儿过着漂泊不定的日子？如果他吃不了这个苦，他就不能养活自己，更不能照顾家里的四个女孩子。我妈妈还这么年轻，就是我们家的另一个女孩子。带着四个女人往前奔，要让她们受教育，要培养她们，要让她们学会生活。对父亲所有这些努力最好的报答就是我们长大成人并参加工作。可是，等我们有能力买了自己房子的时候，他却离开了我们。

保留下来的传统

在一个封闭的圈子里或者一个封闭的团体里共同生活，就会更好地保持和保留自己的习俗，我们也因此不愿意失去我们的根。根要是丢掉了，传统也就很难保留了。当然，文化的精髓还是会存在的。我们的孩子，还有我们的侄子外甥们，都受到这个文化精髓的影响，这种文化已经成为我们家庭的一部分，成为我们家下一代人的一部分。我们长一辈的总想把父亲教育我们的保持下去，保留下去。幸好，我们的孩子们都很争气。

第四节　往事片段

一、诗人胡莉娅·黄怀念去世的客家妈妈

我的妈妈于2018年7月3日去世。到今天，我也不知道是因为没有时间，还是因为没有意愿，或是没有视野或灵感来写一篇关于她在秘鲁被视为客家人代表的纪念文章。除了这样一篇文章的质量，一种混杂着羞怯、尊敬以及对于写作的真正动机不甚了解的复杂情结，让我迟迟下不了决心动笔。但是，我会照你（指作者）提议的，写一篇“笔录”式的短文。这是她去世之后我写的第一篇文章。

我与客家妈妈的关系

我的母亲吉叶米娜·梅赛德斯·甘·奥斯皮诺于1923年9月22日出生在特鲁希略区埃尔雷克勒奥小区，2018年7月3日卒于拉利伯塔德省切彭市切彭

区。我的外祖父圣地亚哥·甘·李是来自中国南方广东珠海的客家移民，我的外祖母卡罗琳娜·奥斯皮诺生于卡哈马卡省伊丘阿甘区。关于卡罗琳娜，我们曾有过各种各样的想象，但是我们只知道她出身于一个珠宝商家庭，她有一头卷曲长发，肤色白净，养了好几匹马。

外祖母沿着家乡通往外界的道路来到了沿海地区，靠给人家洗衣服挣钱帮我外祖父养家。因为生活条件极端清苦，她在生下第四个也是最小的儿子之后就去世了，当时我母亲才四岁。我们家只保留着一张卡罗琳娜葬礼的照片，但是我妈妈不止一次地描述过，在我大姨亚美莉佳的照片上和惠灵顿舅舅家几张大表姐的照片上，她皮肤白皙，眼睛又大又圆，可以想象出外祖母活脱脱的样子。对此，我们曾做过许多种我们无法证实的猜测。

甘秀龄（Kam Sau Lem）是我母亲的中文姓名。我外祖父姓氏发音是Kam。至于拼写成Kcomt，是后来在司法登记的时候秘鲁工作人员不明白如何正确拼写这个发音而造成的，这个姓还曾经被拼写为Com、Cam、Komt等。当然，用中文正确地写出他们的名字才是最重要的。

根据统计，中国客家移民中最常见的姓氏就是甘（Kcomt或者Kam），他们大多居住在拉利伯塔德省。他们当中的绝大多数都受过高等教育并在不同领域经商。1952年，吉叶米娜与我父亲结婚。我父亲是从广州来的中国人，名叫胡安·黄·蔡，他的中文原名是黄英冠。我父母有三个孩子：豪尔赫·本哈民、胡安娜·米拉格罗斯和胡莉娅·玛尔噶莉塔。

母亲甘秀龄（照片由其女儿、诗人胡莉娅·黄提供）

我外祖母去世之后，母亲由一个保姆带养。由于我外祖父一直在苏亚纳华人移民社区生活，我母亲的母语一直在大环境中的西班牙语和华人移民社区使用的客家话之间游移。我母亲曾经多次搬家，先从特鲁希略搬到苏亚纳，又从苏亚纳搬到蒙塞夫，再从蒙塞夫搬到卡亚俄，最后从卡亚俄搬到利马。后来她买彩票中了大奖，她就又回到切彭区，在利马街买了一幢房子，改建装修之后，在那儿开了一家商号专营绿豆[1]（清水浸泡一段时间后可以生出豆芽菜）的出口。她的客户都是纽约和加拿大的中国人或者住在那里唐人街上的犹太人。

我母亲从事这个出口生意一干就是40年。由于生意的需要，她多次去过美国和加拿大，并在她的海关代理也是她的教子赫苏斯·蓬皮乌·穆里略的指引下对卡亚俄港口出入海关手续有了深入的了解。后来，她就专门向其他几位出口商供应其他几种豆类。

我母亲是四个同父同母的兄弟姐妹中的老二（其他三位是亚美莉佳、托马斯和惠灵顿），稍长之后和我外祖父的第二任妻子弗朗西丝卡·切卡一起生活。我外祖父与弗朗西丝卡再婚的时候，她带来三个孩子——吉叶墨、特蕾莎和伊尔玛，这样就组成了一个人丁兴旺的"圣地亚哥·甘·李及其子女"大家庭。

这个大家庭的成员开了几家经销基本生活用品的杂货店，同时从事印度香料比如咖喱、桂皮和胡椒等调味品的进口。我母亲跟胡安·黄·蔡结婚之后成立了一家商号，名为"胡安·黄·蔡股份有限公司"。这家公司在离切彭省不远的帕甘卡（Paganca）区新村和圣罗莎（Santa Rosa）一带农村地区租了一片土地办了一家名叫"圣罗莎牧马人"的庄园。这家庄园在后来的土改中被没收并易名为"圣伊德尔丰索合作社"。

我母亲念中学的时候，因为往苏亚纳副区长的女儿身上扔墨水瓶而被开除。她之所以扔墨水瓶是因为副区长女儿嘲笑她脸上有雀斑和皮肤长癣。后来我母亲先是跟着切彭区一家学校的校长瓜尼洛老师自学，后来又在利马的美国学校学习会计专业和服装剪裁与制作。她喜欢读书、烹饪和缝纫。在五十多年的时间里，她经营着一家信誉很好的企业，一直到晚年身体状况不好的时候才交给儿女们打理。

每当她的兄弟姐妹、侄子外甥、邻居朋友有困难向她求助的时候，她都设身处地，急人所急，以本能的母爱和巨大的善念伸出援手，甚至于很多次

---

① 原注："Loc-tao"（绿豆）、"Pac-tao"（巴豆），秘鲁人称之为中国豆（学名Vigna radiata）。

把这种情况归咎于自己事先对他们关心不够。总之，她以这种方式建立了一个人人平等、所有成员都有地方住、有吃有喝、有学能上的大家庭。

她的去世是二十世纪以追求平等为目标的伟大的人类革命的损失。她企业里的雇员们一直跟着她工作，比如塞萨尔·奥达尔及其母亲、奥古斯塔·普伊卡和艾尔维拉·穆尼奥斯等人，直到她去世的那一天。五十多年间，他们从来没有离开过我母亲一天，每天都在母亲身边为公司效力。

我不相信她在天堂会安息，我隐隐感觉到，为了大家能够在她提议创建的每一个专业经济领域努力工作并坚守下去，她仍在时时刻刻地记挂着她认为她应该给予呵护的每一个人。

二、几张来自客家移民家庭的证件

作者有幸见到一些早期客家移民的，特别是来自赤溪和田头两地移民家庭的证件，这些证件上承载着厚重的信息，是当年秘鲁客家人移民历史的缩影。这些证件均由其在秘鲁的家人提供。

来自叶锦家庭的证件（一）

中華民國 年七月廿八日
旅秘魯番禺會館理事會
第四九七號
姓名 葉錦
居留証號数
№ 24127
居留証姓名
OSWALDO HIPKAM

证件类型	旅秘鲁番禺会馆会员证
证件号码	第四九七号
姓名	叶锦
签发单位	旅秘鲁番禺会馆理事会
签发日期	中华民国□年七月二十八日
其他信息	居留证号数：24127 居留证姓名：Oswaldo Hipkam

来自叶锦家庭的证件（二）

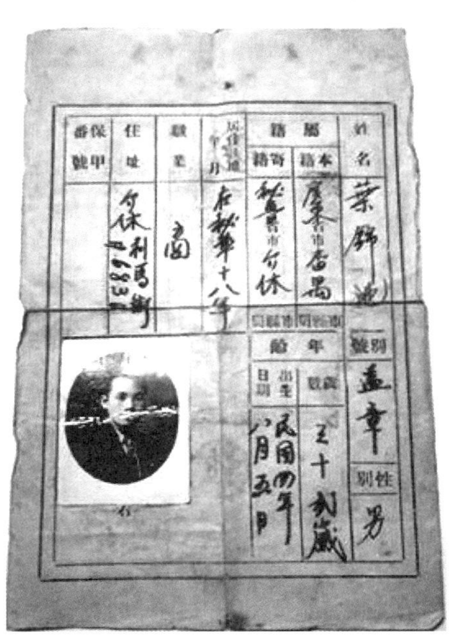

姓名	葉錦池
屬籍 本籍	廣東省 市 番禺
屬籍 寄籍	秘魯省 市 介休
居住該地年月	在秘魯十八年
職業	商
住址	介休利馬街683
保甲番號	
年齡 歲數	三十二歲
年齡 出生日期	民國四年八月五日
號別	盖章
性別	男

國民大會代表僑居國外國民第八區第 102386 號

選舉權證

民國 年 1 NOV 1947 月 日發

证件类型	选举权证
姓名	叶锦池
证件号码	国民大会代表侨居国外国民第八区第102386号
签发日期	1947年11月1日
性别	男
属籍	本籍：广东番禺 寄籍：秘鲁介休
年龄	出生日期：民国四年八月五日 岁数：三十二岁
居住该地年月	在秘鲁十八年
职业	商
住址	介休利马街683

来自甘耀勋家庭的证件（一）

華僑登記證 No. 5156
Certificate of Registration 字第 號
茲據 地方僑民 甘耀勲 遵照
華僑登記規則請求登記合行發給登記證以資保護此證

計開
1 姓名 甘耀勲 Name Felipe Kam 2 性別 男 Sex Masculino
3 年歲 三十七 Age 37 4 籍貫 廣东 Native Province Kwanglong
5 出生地 赤溪 Place of Birth Chickay
6 現在居所 Present Residence Chiclayo
7 職業 商 Profession comerciante
8 商號 Establishment
9 何年入境 一九二二年 Year of Arrival 1922
10 夫或妻 Name of Wife or Husband
11 子女 Names of Children & Their Sex
Date AGO 2

本登記證除第八條遷移居留地外永遠有效
駐利馬總領事館發給
中華民國□年八月二日
僑民登記祇收登記費國幣貳角

	中文	外文
证件类型	华侨登记证	Certificate of Registration
证件号码	5156	
姓名	甘耀勋	Felipe Kam
性别	男	Masculino
年龄	37	
祖籍	广东	Kwanglong
出生地	赤溪	Chickay
登记时居所		Chiclayo
职业	商	Comerciante
签发日期	中华民国□年8月2日	2 de agosto，□
签发单位	驻利马总领事馆	

来自甘耀勋家庭的证件（二）

MINISTERIO DE HACIENDA Y COMERCIO
SUPERINTENDENCIA NACIONAL DE CONTRIBUCIONES
LIBRETA TRIBUTARIA
No. 2330083
PERSONA NATURAL
FIRMA DEL INTERESADO
APELLIDOS KAM LEU
NOMBRES FELIPE
DOMICILIO FISCAL PARURO 1360 B
DISTRITO LIMA
PROVINCIA LIMA
DEPARTAMENTO LIMA
FECHA DE EMISION 28-DIC-68
SERVICIO DEL REGISTRO NACIONAL DE CONTRIBUYENTES JEFE

	中文翻译	西班牙文
证件种类	财政和贸易部国家税务局	Ministerio de Hacienda y Comercio Superintendencia National de Contribuciones
个人纳税簿号码（libreta tributaria persona natural）	2330083	
姓名	甘耀勋	Felipe Kam Leu
财政地址（domicilio fiscal）	利马省利马市利马区帕鲁罗街区1360号B栋	Paruro 1360 B, Distrito de Lima, Provincia de Lima, Departamento de Lima
签发日期（fecha de emisión）	1968年12月28日	28-DIC-68
签发人	国家纳税人登记处处长	Servicio del Registro Nacional de Contribuyentes Jefe

来自彭树垣家庭的证件

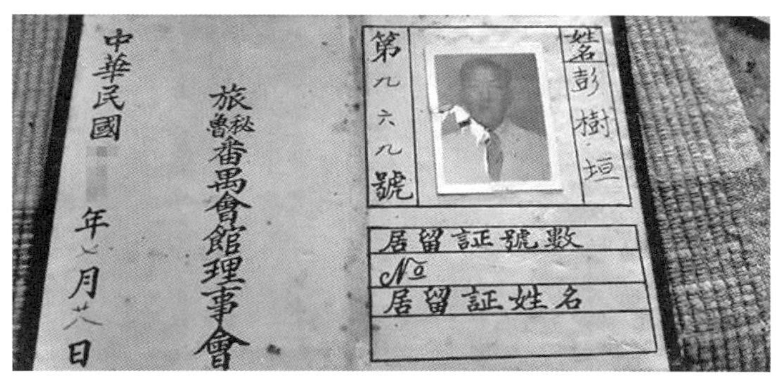
姓名 彭樹垣
第九六九號
居留証號數
No
居留証姓名
旅秘魯番禺會館理事會
中華民國 年七月廿八日

证件类型	旅秘鲁番禺会馆会员证
证件号码	第九六九号
姓名	彭树垣
签发单位	旅秘鲁番禺会馆理事会
签发日期	中华民国□年七月二十八日

参考文献

［1］秘鲁中华通惠总局．秘鲁中华通惠总局成立100周年纪念特刊［M］，秘鲁中华通惠总局，1986.

［2］秘鲁中华通惠总局．华人抵达秘鲁150周年纪念特刊［M］，秘鲁中华通惠总局，2002.

［3］秘鲁中华通惠总局．总局简介［EB/OL］．http：//www. scbcperu. com/cn/zongjujianjie/.

［4］秘鲁中华通惠总局．秘鲁同陞会馆［EB/OL］．http：//www. scbcperu. com/cn/shuxiahuiguan/36.html.

［5］陈素敏．田头：赤溪半岛经济主战场［N］．江门日报，2015-07-10（A11）.

［6］池子华．晚清中国政治与社会［M］．苏州：苏州大学出版社，2014年.

［7］（加）黄韧．神境中的过客：从曹主信仰象征的变迁看岭南客家文化的形成与传承［M］．北京：中国社会科学出版社，2015.

［8］高望之，高亮之，高翼之．《儒家孝道》［M］．南京：江苏人民出版社，2010：69-71.

［9］广东省地方史志编纂委员会．广东省志·华侨志［M］．广州：广东人民出版社，1996：15.

［10］胡其瑜. 从种植园到唐人街：古巴的广东籍客家人与本地人的关系［C］//中山大学人类学系，嘉应大学客家研究院. “变迁中的客家社会与文化”研讨会论文集. 梅州：［出版者不详］，2014.

［11］林金水. 赤溪史略［EB/OL］.（2017-11-15）［2018-12-19］. http：//www. cnts. gov. cn/chixi/lswh/201711/3f5587980c95483d9bcfa189dddcd61d. shtml.

［12］罗世烈. 孔子学说研讨［M］. 成都：巴蜀书社，2013：150.

［13］潘沙. 太平军残部曾威震南美?不过是一场狂欢式意淫!［EB/OL］.（2017-08-12）［2018-12-19］. http：//news.163.com/17/0812/08/CRKHKL9J000187UE. html.

［14］容晖. 流落南美洲的太平天国士兵［J］. 四川统一战线，2010（12）：17.

［15］世界赤溪田头客属第三届恳亲大会会刊编辑组. 世界赤溪田头客属第三届恳亲大会会刊［M］. 江门：世界赤溪田头客属第三届恳亲大会会刊编辑组，2011.

［16］覃仕勇. 在中国被追杀殆尽的一支残军，却在南美洲横空出世大杀四方［EB/OL］.（2015-12-16）［2018-12-19］. https：//chuansongme.com/n/2048952.

［17］钟日平. 秘鲁、马来西亚的钟氏宗亲回乡寻亲［J］. 赤溪侨刊，2015（51）：25.

［18］台山县地方志编纂委员会编. 台山县志［M］. 广州：广东人民出版社，2008.

［19］王世申. 秘鲁文化［M］. 北京：文化艺术出版社，2010.

［20］王松斗. 广东菜的形成与发展［J］. 中国烹饪研究，1999（3）：51-54.

［21］易念. 智利震灾城惊见太平天国后人［EB/OL］.（2014-04-04）［2018-12-19］. https：//www. chinatimes. com/newspapers/20140404000904-260309?chdtv.

［22］郑若玲. 科举、高考与社会之关系研究［M］. 武汉：华中师范大

学出版社，2007：67-68.

［23］中山市人民政府地方志办公室编. 中山市人物志［M］. 广州：广东人民出版社，2012.

［24］中山市志编纂委员会编. 中山市志1979—2005［M］. 广州：广东人民出版社，2012.

［25］BILLINGE T. Pak Tai，mysterious black god of the north［EB/OL］.（2017-05-29）［2018-12-19］. https：//zolimacitymag. com/pak-tai-mysterious-black-god-of-the-north/.

［26］BOHR P R. Did the Hakka save china? Ethnicity，identity，and minority status in China's modern transformation［J］. Headwaters，2009，26：10-18.

［27］Chinatownology. Clan associations［EB/OL］.［2018-12-19］. http：//www. chinatownology. com/clan_associations. html.

［28］CHOU L. The past and future of bilateral relations between the Republic of China and the Republic of Chile［J］. Occasional Papers/Reprint Series in Contemporary Asian Studies，1995，126（1）：15-31.

［29］CONSTABLE N. Guest people：Hakka identity in China and abroad［M］. Seattle：University of Washington Press，2005.

［30］CROSBY A W，Jr. The Columbian exchange：biological and cultural consequences of 1492［M］. 30th anniversary ed. Westport：Praeger Publishers，2003：198-201.

［31］FAT P T S. Chinese new migrants in Suriname：the inevitability of ethnic performing［M］. Amsterdam：Vossiuspers UvA – Amsterdam University Press，2009：283.

［32］HAWKES K，O'CONNELL J F，JONES N G B，et al. Grandmothering，menopause，and the evolution of human life histories［J］. Proceedings of the National Academy of Sciences of the United States of America，1998，95（3）：1336-1339.

［33］LAUSENT-HERRERA I. Tusans（tusheng）and the changing

Chinese community in Peru [J] . Journal of Chinese Overseas, 2010, 5 (1) : 115–152.

[34] LAUSENT–HERRERA I. The Chinatown in Peru and the changing Peruvian Chinese communities [J] . Journal of Chinese Overseas, 2011, 7 (1) : 69–113.

[35] LAUSENT–HERRERA I. New immigrants: a new community? The Chinese community in Peru in complete transformation [M] //Tan Chee–Beng. Routledge Handbook of the Chinese diaspora. London, New York: Routledge, 2013: 375–402.

[36] LAUSENT–HERRERA I. Between Catholicism and Evangelism: the Peruvian Chinese community [M] //Tan Chee–Beng. After migration and religious affiliation: religions, Chinese identities and transnational network. Singapour: World Scientific Publishing Co., 2014: 185–240.

[37] LAUSENT–HERRERA I. Speak Chinese: a major challenge in the construction of identity and the preservation of the Peruvian Chinese community (1870–1930) [J] // Global Chinese, 2015, 1 (1) : 203–225.

[38] Asociación Peruana China. Cultura y tradición: apellidos milenarios: Geng [EB/OL] . [2018–12–19] . https: //www. apch. com. pe/geng. html.

[39] CALLE M. Hijos del dragón: Inmigrantes chinos y su inserción socioeconómica en la provincia de Tarapacá, 1860–1940 [J] . Revista de Ciencias Sociales, 2014, 32: 25–62.

[40] CHOU D L. Chile y China: Inmigración y relaciones bilaterales, 1845–1970 [M] . Santiago: Pontificia Universidad Católica de Chile. Instituto de Historia. Centro de Investigaciones Diego Barrios Arana, 2004.

[41] DE TRAZEGNIES GRANDA F. En el país de las colinas de arena: reflexiones sobre la inmigración china en el Perú del S. XIX desde la perspectiva del derecho [M] . Lima: Pontificia Universidad Católica del Perú, Fondo Editorial, 1994.

[42] DERPICH W E. El otro lado azul: 150 años de inmigración China al Perú [M] . Lima: Fondo Editorial del Congreso del Perú, 1999.

[43] GALAZ-MANDAKOVIC FERNÁNDEZ D. Migración y Biopolítica: Dos escenas del siglo XX tocopillano [M]. Tocopilla: Retruécanos Ediciones, 2013.

[44] GUZMAN KHANG T. Libro de Actas No. 1 de la Sociedad China Tong Shun: Perú, 39170-208 [P]. 2008-09-26.

[45] LA TORRE SILVA R. La inmigración china en el Perú (1850-1890) [J]. Boletín de la Sociedad Peruana de Medicina Interna, 1992, 5 (3).

[46] LAUSENT-HERRERA I. Sociedad y templos chinos en el Perú [M]. Lima: Fondo Editorial del Congreso del Perú, 2000.

[47] LAUSENT-HERRERA I. Lo que nos revelan las lapidas chinas del Cementerio Presbítero Maestro [M] //GAMARRA GOYZUETA I. 200 años del Presbítero Maestro: Primer Cementerio monumental de América Latina. Lima: Mixmade Producciones Editoriales, 2008: 88-93.

[48] LUIS NAN J, GUZMÁN KHANG T. El Callao: Puerta de entrada y crisol del Perú [M]. Callao: Cornucopia Comercio Internacional S. R. L., 2012.

[49] MARTÍN J L. ¿De dónde vinieron los chinos de Cuba? [M]. La Habana: Editorial Atalaya S. A., 1939.

[50] Ministerio de Gobierno Policía y Obras Públicas. Censo General de la República del Perú formado en 1876 [J]. Lima: Imprenta del Estado, 1878.

[51] PAZ SOLDÁN M F. Narración histórica de la guerra de Chile contra el Perú y Bolivia [M]. Lima: Editorial Milla Batres, 1979.

[52] RODRÍGUEZ PASTOR H. El infierno de los chinos en el Perú [N]. La Jornada, 1975-05-27 (Suplemento laboral de La Prensa).

[53] RODRÍGUEZ PASTOR H. La rebelión de los rostros pintados [M]. Huancayo: Instituto de Estudios Andinos, 1979.

[54] RODRÍGUEZ PASTOR H. Presencia china e identidad nacional [M] // Anonimato. Cuando Oriente llegó a América: Contribuciones de inmigrantes chinos, japoneses y coreanos. Washington D. C.: Banco Interamericano de Desarrollo, 2004: 115-134.

[55] RODRÍGUEZ PASTOR H. Los chinos en la guerra del Pacífico [M] // CHAUPIS TORRES J, ROSARIO E. La guerra del Pacífico: Aportes para repensar su historia, Lima: Editorial Línea Andina, 2007: 260–261.

[56] RODRÍGUEZ PASTOR H. Periodización de la historia de la comunidad china en Perú [M] // ONAHA C, DE LA VEGA L R. Colección Aladaa Document: CONGRESO NACIONAL DE ALADAA, 2018. Lima: ALADAA, 2018.

[57] SEGALL M. Esclavitud y tráfico de culís en Chile [J]. Boletín de la Universidad de Chile, 1967, 75: 52–61.

[58] ZAPATA ACHA S. Diccionario de gastronomía peruana tradicional [M]. Lima: Universidad de San Martín Porres Fondo Editorial, 2006.

致　谢

在秘鲁，有一条谚语叫“Cuando bebas el agua recuerda la fuente”（饮水思源）。我要深切感谢秘鲁驻华大使馆和秘鲁驻广州总领事馆热心支持为中国读者出版本书中文版；深切感谢中国政府通过国家汉办给我提供的博士学位课题经费；深切感谢秘鲁天主教大学的阿雷杭德罗·迭兹博士和北京大学的潘维博士两位老师对我的论文给予宝贵指导；深切感谢生活在秘鲁和中国的所有客家家庭与大家分享他们的历史。

最后，我要感谢前中国外交官王世申先生将本书翻译成无可挑剔的中文文本，感谢他对我历经多年而未稍减的友谊。

柯裴博士

Dra. Patricia Castro Obando

2018年12月19日于北京